JEAN-CHRISTOPHE BERLIN
NICOLAS BERTRAND

50 exercices pour l'éveil de bébé

STIMULATION

COORDINATION

RELAXATION

Flammarion

Avertissement

L'auteur et l'éditeur ne sauraient être tenus
pour responsables des accidents
qui pourraient survenir
à la suite de l'exécution des exercices
présentés dans ce livre.

www.editions.flammarion.com
ISBN : 2-0820-1172-0
N° d'édition : FT 1172-01
Dépôt légal : avril 2004
Achevé d'imprimer en avril 2004
par Pollina s.a, 85400 Luçon
n° L92858
Imprimé en France

SOMMAIRE

De la position assise à la position debout 49

De la position debout à l'autonomie 79

PRÉFACE

Un livre traitant de l'éveil de Bébé… Un de plus ? Que nenni. Cet ouvrage se situe dans une problématique tout autre, dans la mesure où il intègre plusieurs axes de réflexion et d'action. Son but – car il n'est pas dénué d'arrière-pensées – est de participer à la prise de conscience de son propre corps par l'enfant.

Entendons-nous bien : le bébé est un être dynamique. Ce qui est vrai ce jour est faux le lendemain. Ce côté « émouvant » du bébé se note le long d'un axe non seulement psychique, mais également physique. C'est en apprenant à maîtriser le sens et l'orientation de l'espace que le bébé contrôlera au mieux le sens et l'orientation de la vie psychique.

Cet éveil passe par une vigilance, une veille constante des parents à l'endroit de leur enfant. Veille qui témoigne de leur amour. Profiter de la souplesse particulière des membres, du tronc et du cou du bébé pour le courber, le cambrer, l'asseoir, le relever, le rouler et le coucher permet aux jeunes parents d'établir un contact différent avec leur progéniture.

La main de l'homme est la mesure de son bébé. La voie manuelle, décrite tout au long de cet ouvrage, permet, grâce à l'émotion partagée, que s'établissent les vecteurs de la bonne santé physique et psychique. L'amour qui en forme l'ossature prend ainsi place au sein des familles : le geste accompagnateur se fait alors sculpteur du corps de Bébé.

Dr Philippe KOWAL
Pédiatre

AVANT-PROPOS

Imaginez que vous vous lanciez dans une course de cent mètres contre le champion américain Carl Lewis ! Le résultat probable est que vous atteindrez l'arrivée très essoufflé et avec plusieurs longueurs de retard.

Un champion doit ses résultats à un entraînement régulier en vue d'un but à atteindre ; il y parvient plus sûrement que M. Tout-le-monde armé de sa seule bonne volonté.

L'apprentissage de la vie entre la naissance et seize mois peut être comparé à une course. En effet, durant cette période, le bébé évolue chaque jour vers son autonomie, il développe la coordination des mouvements, l'équilibre, sa situation dans l'espace, sa capacité émotionnelle, la communication... Cette période est essentielle pour la construction de l'enfant ; c'est pourquoi il faut l'aider à réussir dans les meilleures conditions.

Il ne s'agit pas d'« entraîner » votre enfant pour en faire un champion, mais de le guider et de l'encourager en lui témoignant votre affection.

Les méthodes de stimulation des enfants sont variables selon les cultures et les pays : certains considèrent que l'enfant doit faire son apprentissage tout seul, d'autres favorisent le toucher et en particulier les massages, d'autres enfin privilégient la socialisation en regroupant les enfants d'âges différents dans un même espace.

En Occident, le problème essentiel est le temps que l'on consacre à son enfant. Une vie trop active des parents réduit le temps réservé à leur enfant. Les instants dus à votre bébé doivent être exclusifs, car l'enfant ne comprend pas les créneaux horaires et il est très réceptif à votre état de tension : si vous êtes énervé, il le sera.

Je vous propose des exercices simples qui ont pour but de resserrer vos liens affectifs avec votre bébé et de l'aider à réussir les différentes épreuves qu'il va affronter dans les premiers mois de sa vie.

Conçu en quatre parties, ce livre vous guidera dans l'apprentissage de la station assise, puis debout, jusqu'à l'autonomie de votre enfant ; enfin, techniques de massage et conseils viendront parfaire le lien au moment de la détente.

Regardez bien votre bébé, effectuez avec lui les exercices sans rien lui imposer : s'il n'a pas envie de « travailler », changez d'exercice et faites-lui un câlin.

Les progrès de Bébé sont une grande joie pour tous, mais ils sont très variables dans le temps : certains marcheront rapidement, mais seront plus en retard pour communiquer ; ne brûlez pas les étapes et ne cherchez pas les performances.

Les séances doivent être un plaisir partagé. Rapidement, vous verrez que votre bébé apprécie qu'on s'occupe de lui, et vous pourrez évaluer ses progrès quotidiennement tout en respectant son évolution naturelle.

DIX CONSEILS

1. Ne forcez pas votre bébé, répétez plusieurs fois l'exercice lentement en vous assurant qu'il apprécie.
2. Privilégiez les caresses et les encouragements doux de la voix ; vous pouvez aussi chanter.
3. Vous pouvez ajouter une lumière douce, de la musique douce, une odeur suave.
4. Faites des exercices respiratoires de relaxation (cf. *50 Exercices contre le stress*) pour être bien détendu auprès de Bébé.
5. Tenez votre bébé près de vous pour le rassurer.
6. Le père est le bienvenu, surtout après trois mois. Effectuez les exercices en famille (frère, sœur) si votre bébé le souhaite.
7. Ne mettez pas votre enfant en situation d'échec.
8. N'hésitez pas à refaire les exercices qu'il maîtrise parfaitement, cela lui donne confiance.
9. Alternez les exercices, car Bébé se déconcentre vite.
10. Terminez toujours une série d'exercices par un exercice calme.

MODE D'EMPLOI

Ce livre est divisé en quatre parties : de la naissance à la position assise, de la position assise à la position debout, de la position debout à l'autonomie, enfin les massages et les conseils de détente.

Il comporte des exercices visant à favoriser l'apprentissage de l'équilibre, de la coordination des mouvements, de la situation dans l'espace, de la découverte de son corps et de son environnement. Il décrit des techniques de massage doux.

Le temps de travail est variable ; il est donné à titre indicatif, mais pourra être modifié en fonction de chaque enfant.

La progression de l'exercice est soigneusement détaillée, depuis la position de départ jusqu'à la position d'arrivée, le tout illustré de photographies en couleurs.

Les rubriques « Objectif », « Conseil », « Remarque » et « Attention ! » vous aideront à réaliser les exercices sans danger pour vous et votre bébé.

À qui d'adresse ce livre ?

Aux bébés entre la naissance et seize mois.

À tous les parents soucieux de bien vivre avec leur enfant les premiers mois de la vie.

À ceux qui souhaitent faire les bons gestes avec Bébé.

Contre-indications ?

Le développement psychomoteur des enfants est très variable ; toutefois, aucun exercice contenu dans ce livre n'a de contre-indication, pour peu que vous respectiez bien la progression : n'essayez pas de faire

les exercices de la fin du livre avec un nouveau-né, c'est sans espoir!
Dans le cas d'un enfant prématuré, demandez conseil à votre médecin.

Comment choisir les exercices?

Respectez bien la progression du livre.

Testez les exercices qui conviennent à votre bébé: s'il pleure, n'insistez pas; s'il sourit (vers six à huit semaines), vous êtes sur la bonne voie.

Variez souvent les exercices, pour rompre la monotonie, tout en gardant ceux qu'il préfère.

Quand effectuer les exercices?

Choisissez un moment de tranquillité: après le bain du soir, par exemple.

Essayez de respecter toujours les mêmes horaires, de façon à habituer votre bébé au rythme.

Le meilleur moment est celui où vous êtes le plus détendu:
à vous de le définir!

Combien de temps?

Les séances seront courtes, mais fréquentes et régulières.
Tous les jours pendant 5 minutes paraît être l'idéal.

Le week-end, les séances peuvent être plus longues et, surtout, pratiquées en famille.

Comment se déroule une séance?

Choisissez un ou deux exercices correspondant à votre bébé;
effectuez-les à la suite s'il paraît d'accord.

En cas de refus, n'insistez pas et faites-lui un câlin ; vous en ferez plus le lendemain.

Bébé n'aura parfois pas envie pendant plusieurs jours ; soyez patient.

Chaque exercice dure entre 2 et 3 minutes ; ménagez un temps de repos entre chacun d'eux.

Comment évaluer les progrès de Bébé ?

Si Bébé réalise facilement un exercice à chaque fois que vous le lui proposez, c'est qu'il a progressé : passez à autre chose.

Lorsque Bébé n'arrive pas à faire un exercice, il vaut mieux y renoncer et le lui reproposer plus tard.

En agissant ainsi, vous serez surpris de voir que votre enfant réalise spontanément des choses qu'il ne savait pas faire auparavant.

Les progrès de Bébé sont plus facilement constatés par des proches qui ne le voient pas tous les jours (les grands-parents, par exemple).

UNE SÉANCE-TYPE

HOULA HOOP
Mobilisation du bassin

OBJECTIF

Mobiliser le bassin par rapport au reste du corps

Durée : 2 minutes

Conseil

Ne forcez pas sur l'amplitude du mouvement, opérez progressivement.

Répétez l'exercice jusqu'à ressentir une souplesse dans le mouvement.

Remarque

La dissociation du mouvement des épaules et du bassin se retrouve lors de la marche, puis, plus tard, lorsque Bébé court.

Attention !

▲ Vous devez toujours maintenir l'épaule de votre bébé au sol ; sinon, l'exercice est inefficace.

1

Position de départ

Allongez Bébé sur le dos, les jambes repliées sur le ventre.

2

Exercice

Prenez les deux genoux de Bébé d'une main, l'autre étant placée à plat sur une épaule.

Amenez lentement les deux jambes du côté gauche, en maintenant l'épaule droite sur le sol, puis amenez les deux jambes du côté droit, en maintenant l'épaule gauche sur le sol.

Répétez le mouvement 10 fois de chaque côté.

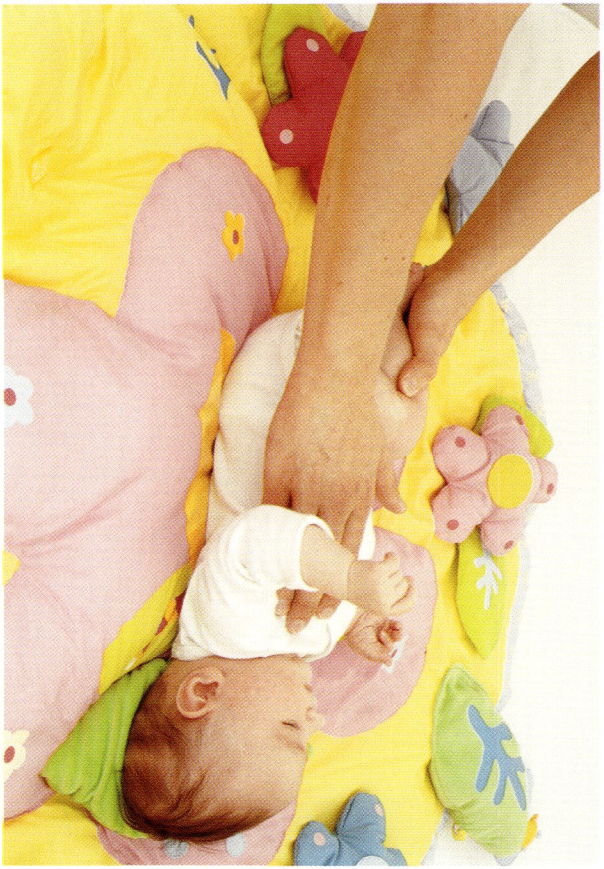

DE LA NAISSANCE À LA POSITION ASSISE

DE LA NAISSANCE À LA POSITION ASSISE

Cette période est généralement comprise entre la naissance et quatre mois, mais il existe des différences entre chaque bébé.

Ne vous inquiétez pas si Bébé n'est pas assis à quatre mois, il se rattrapera plus tard.

La position assise volontaire est un passage important, en particulier au point de vue respiratoire, car, lorsque Bébé est enrhumé, il peut se tenir assis et respirer ainsi plus facilement.

Les exercices que nous vous proposons vont aider votre enfant dans son apprentissage de la station assise, mais aussi dans la découverte de son environnement, dans le développement de la vue et du toucher, ou la compréhension de son image dans un miroir…

I

EN ROUTE POUR L'AVENTURE
Découverte de l'environnement

OBJECTIF

Inciter Bébé à se déplacer vers un but

Durée : 2 minutes

Conseil

Utilisez toujours les mêmes objets au départ, mais essayez de les éloigner progressivement jusqu'aux frontières du territoire que vous lui accordez.

Remarque

Il s'agit de ses premiers « pas » vers l'autonomie.

1

Position de départ

Placez votre enfant à une distance raisonnable d'objets ou de jouets qui lui sont familiers.

2

Exercice

Encouragez-le, de la voix et du geste, à rejoindre ses ob

Dans un premier temps, faites cet exercice tous les jour quelques minutes, puis de plus en plus longtemps.

Vous pouvez bien sûr le faire plusieurs fois par jour.

2

HOULA HOOP
Mobilisation du bassin

OBJECTIF

Mobiliser le bassin par rapport au reste du corps

Durée : 2 minutes

Conseil

Ne forcez pas sur l'amplitude du mouvement, opérez progressivement.

Répétez l'exercice jusqu'à ressentir une souplesse dans le mouvement.

Remarque

La dissociation du mouvement des épaules et du bassin se retrouve lors de la marche, puis, plus tard, lorsque Bébé court.

Attention !

▲ Vous devez toujours maintenir l'épaule de votre bébé au sol ; sinon, l'exercice est inefficace.

1

Position de départ

Allongez Bébé sur le dos, les jambes repliées sur le ventre.

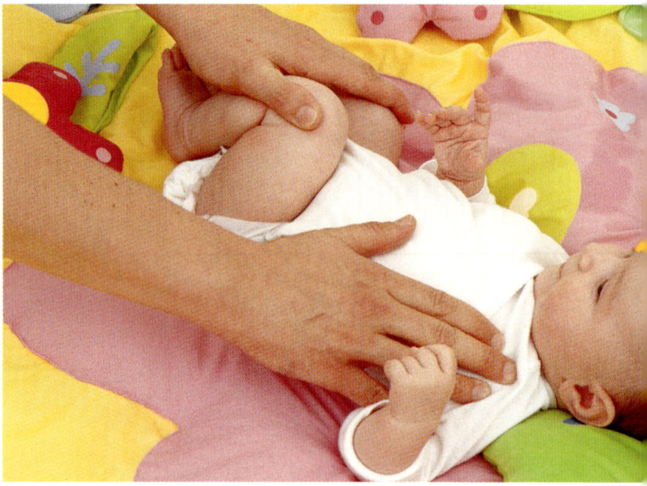

2

Exercice

Prenez les deux genoux de Bébé d'une main, l'autre étant placée à plat sur une épaule.

Amenez lentement les deux jambes du côté gauche, en maintenant l'épaule droite sur le sol, puis amenez les deux jambes du côté droit, en maintenant l'épaule gauche sur le sol.

Répétez le mouvement 10 fois de chaque côté.

3

L'ALBATROS
Mobilisation des bras

OBJECTIF

Faire travailler les bras en élévation

Durée : 2 minutes

Conseil
Vous pouvez utiliser des comptines pour rythmer l'exercice.

Remarque
L'ouverture des bras est l'ouverture vers le monde extérieur.

Attention !
▲ Ne forcez pas le mouvement : si Bébé n'est pas d'accord, gardez ses coudes un peu fléchis.

1

Position de départ
Asseyez Bébé sur vos genoux et prenez ses mains.

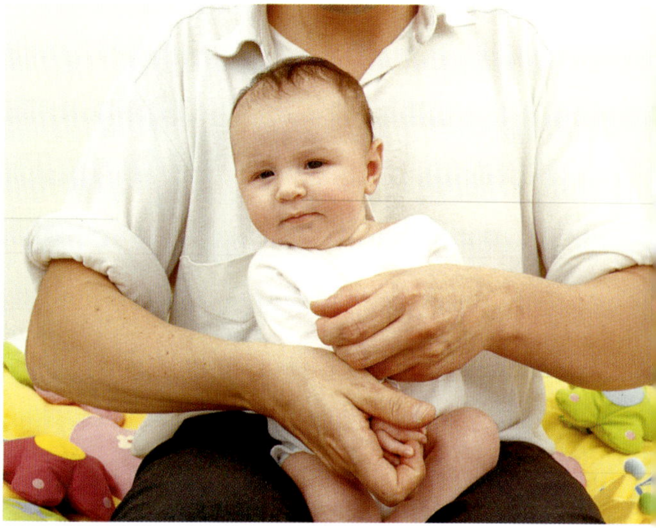

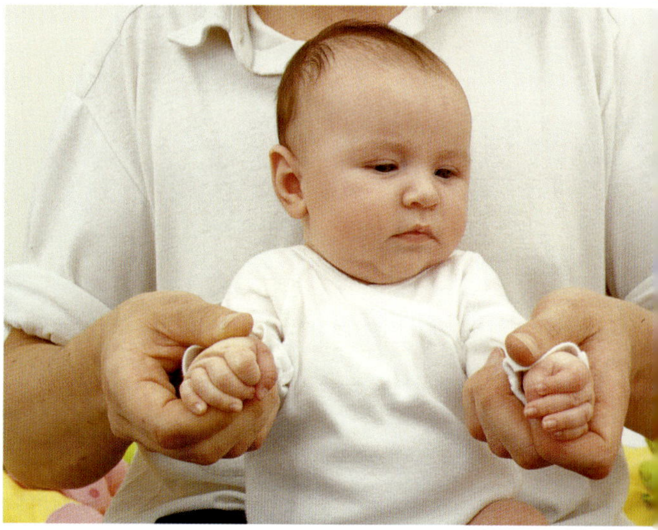

2

Exercice

Écartez simultanément et lentement les deux bras de Bébé, puis faites des « battements d'ailes » en montant et descendant ses bras doucement.

Augmentez progressivement l'amplitude du mouvement, puis modifiez le rythme.

Faites 10 fois le mouvement, puis relâchez.

Répétez 3 fois.

4 PIROUETTE
Retournement par les jambes

OBJECTIF

Apprendre à Bébé à se retourner

Durée : 2 minutes

Conseil

Avec votre autre main, maintenez l'autre jambe en extension.

Remarque

Le retournement est l'une des premières étapes de son évolution motrice.

Il est très utile lorsque Bébé est enrhumé, car il peut se mettre seul sur le côté et ainsi mieux respirer.

Attention !

▲ Supprimez l'oreiller : en se retournant, Bébé pourrait s'étouffer.

1

Position de départ

Bébé est sur le dos.

2

Exercice

Prenez un pied de votre enfant dans une de vos mains, puis fléchissez lentement son genou.

Amenez doucement la jambe de votre bébé en dedans : Bébé se retourne.

Le retour sur le dos peut aussi être sollicité en suivant le même cheminement, mais en sens inverse.

Répétez 10 fois.

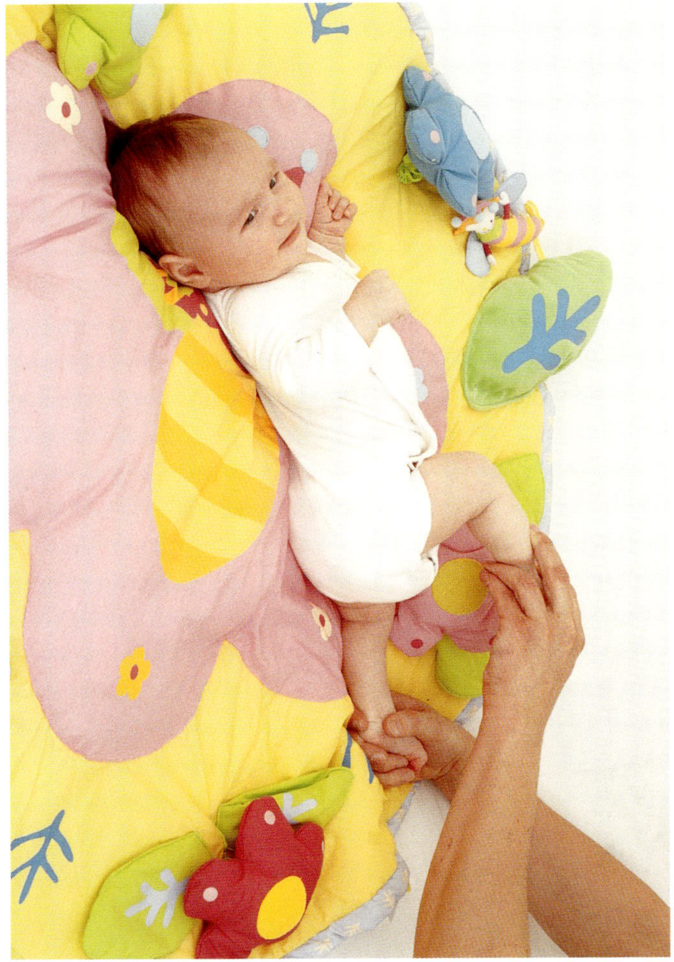

5

GIROUETTE

Petits étirements du cou

OBJECTIF

Détendre les muscles du cou

Durée : 2 minutes

Conseil

Ne forcez pas, c'est avant tout un exercice de relâchement musculaire.

La main sur la tête n'exerce aucune traction, mais reste fixe.

Remarque

Bébé a du mal à tenir sa tête, car elle est top lourde, et ses muscles du cou, très sollicités, ne sont pas encore assez développés.

1

Position de départ

Asseyez Bébé sur vos genoux, une main sur une épaule, l'autre sur la tête.

2

Exercice

Amenez doucement le menton de Bébé vers une épaule.

Avec votre autre main, maintenez l'épaule du côté opposé à la rotation.

Tenez la position quelques secondes, puis changez de côté.

Attention !

▲ N'appuyez pas sur la tête de votre enfant.

6

POUSSE-POUSSE

Sollicitation des muscles des jambes

OBJECTIF

Stimuler le réflexe d'extension des jambes

Durée : 2 minutes

Conseil

Ne bloquez pas le mouvement au départ de l'exercice.

Réalisez le mouvement dans toute son amplitude.

Vous pouvez opposer une légère résistance à l'extension des jambes, de façon à rendre l'exercice un peu plus difficile.

Remarque

L'extension des jambes prépare à la station debout.

Attention !

▲ Sur un plan glissant, la poussée lui permet de se déplacer.

1

Position de départ

Bébé est couché sur le dos.

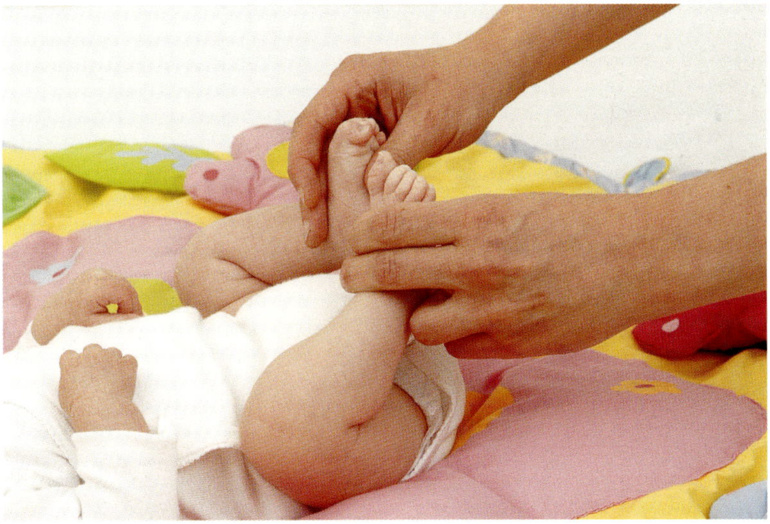

2

Exercice

Ramenez les deux genoux de Bébé sur son ventre, en maintenant ses pieds avec vos mains.

Exercez ensuite une légère pression des mains sur sa plante des pieds : la réaction qui suit est un réflexe de poussée qui aboutit à une extension complète des jambes.
Répétez 10 fois.

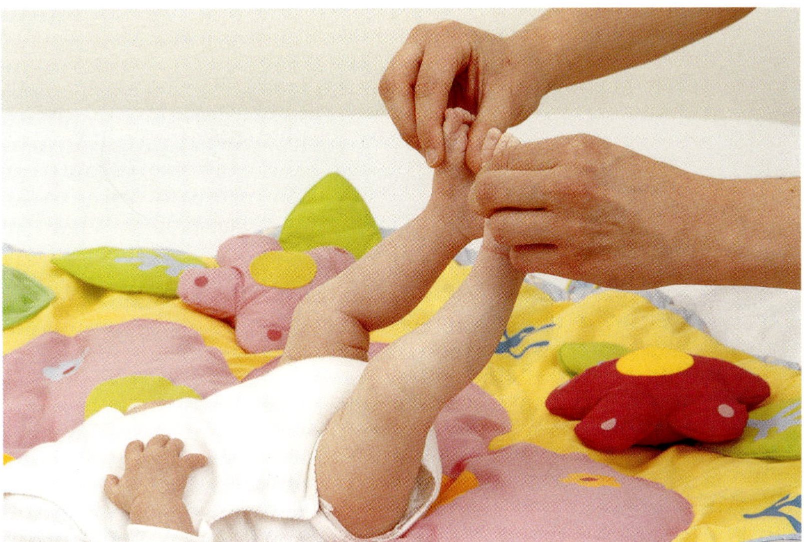

7

MIROIR, MON BEAU MIROIR
Image corporelle

OBJECTIF

Faire découvrir son reflet à Bébé

Durée : 3 minutes

Conseil

Vous pourrez par la suite faire intervenir des objets tels que des jouets, par exemple.

L'image corporelle ne cesse d'évoluer ; reproduisez donc souvent cet exercice.

1

Position de départ

Placez-vous, avec votre enfant sur les genoux, face à un miroir.

2

Exercice

Décrivez et commentez-lui l'image qu'il voit.

Exemple : « Qu'il est beau ce bébé ! Ça, c'est ton nez ; Ça, c'est ta bouche… »

Progressivement, il prendra conscience qu'il peut modifier l'image qu'il a devant lui en bougeant.

S'il tend la main vers le miroir, c'est gagné.

Attention !

▲ Bébé peut casser le miroir avec ses jouets.

8 INSPIREZ ! EXPIREZ !

Rythme respiratoire

OBJECTIF

Réguler la respiration

Durée : 2 minutes

Conseil

C'est la respiration de votre enfant qui rythme l'exercice.

Remarque

Le rythme respiratoire du bébé est assez rapide.

Attention !

▲ Il s'agit d'un jeu, et non d'une technique pour développer les performances respiratoires.

1

Position de départ

Maintenez les mains de Bébé dans les vôtres et placez-les sur son ventre.

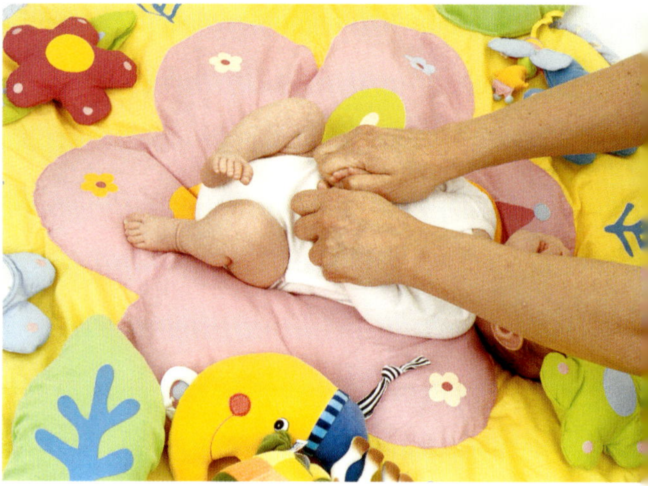

2

Exercice

Ramenez ses bras tendus en arrière, de façon à réaliser un mouvement d'extension, puis revenez à la position initiale, en appuyant légèrement sur son ventre et sur son thorax, de façon à accompagner son expiration.

Cherchez à obtenir un rythme respiratoire régulier.

Répétez 10 fois.

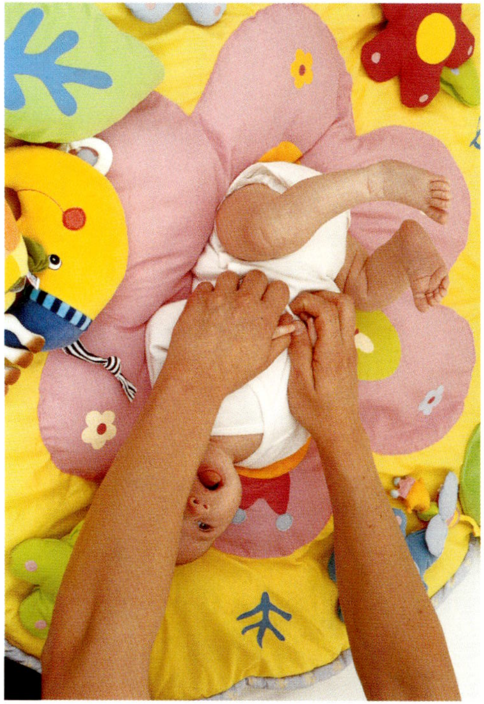

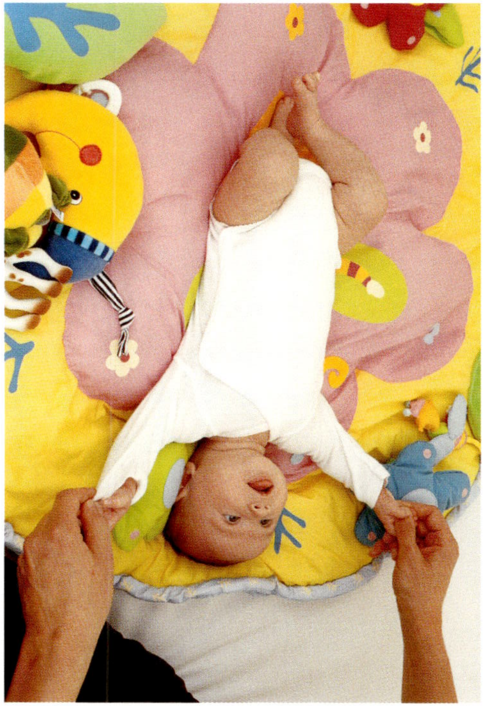

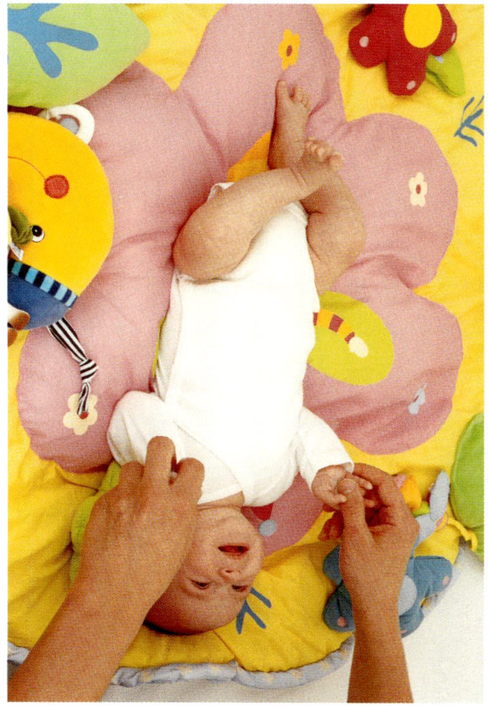

9 BABY COOL
Relaxation et apaisement

OBJECTIF

Détendre et rassurer Bébé

Durée : 2 minutes

Conseil

Soyez calme et patient.

Respirez vous-même lentement et profondément.

Remarque

Bébé sent votre présence rassurante ; son rythme respiratoire ralentit, il se relâche.

Attention !

La main située au niveau du crâne sert uniquement d'appui à la tête de Bébé ; n'exercez aucune traction sur son cou.

1

Position de départ

Placez une main au niveau de la base du crâne de Bébé et l'autre main sur sa poitrine.

2

Exercice

Suivez avec votre main le mouvement de la poitrine : il inspire, la poitrine se soulève ; il souffle, elle descend.

Laissez la respiration guider votre main, et essayez de ressentir le mouvement sans intervenir.

10 J'AI CRU VOIR UN GROS LAPIN

Association œil et main

OBJECTIF

Coordonner la vue et le toucher

Durée : 3 minutes

Conseil

Changez souvent d'objet.

Dès que vous percevez une baisse d'attention, changez d'exercice, pour éviter qu'il ne se lasse.

Remarque

Lorsque vous lui décrivez les différents objets, il vous écoute.

1

Position de départ

Placez votre enfant sur vos genoux.

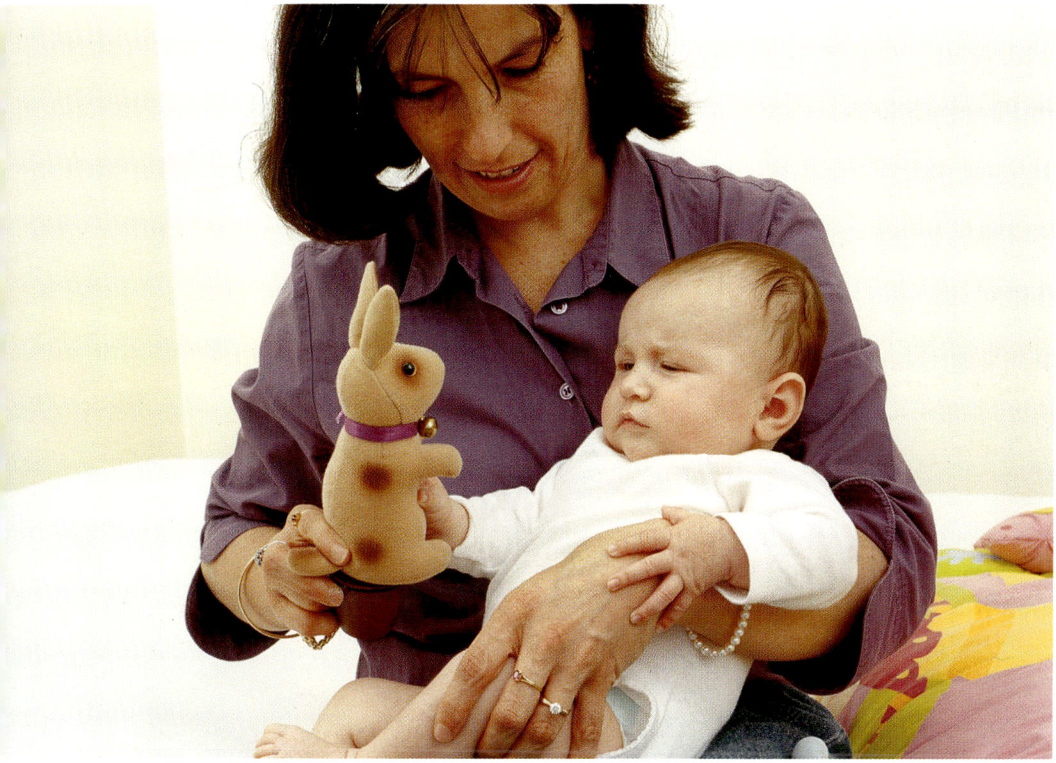

2

Exercice

Montrez et décrivez-lui un objet, puis incitez-le à attraper celui-ci pour qu'il puisse apprécier sa texture, sa forme, son poids.

Changez l'objet de place, de façon à varier le trajet de la main.

ROULE TA BOULE !
Sollicitation des muscles du dos

OBJECTIF

Faire travailler le dos pour conserver l'équilibre

Durée : 3 minutes

Conseil

Progressivement, essayez de trouver une position d'équilibre sur le ballon.

Remarque

Les muscles du dos interviennent dans le maintien de la position assise.

1

Position de départ

Placez votre enfant le dos sur un ballon mou.

2

Exercice

Déplacez Bébé latéralement et d'avant en arrière, de façon à le déséquilibrer.

Pour se maintenir, il devra contracter les muscles du dos.

Répétez 5 fois d'avant en arrière et 5 fois de gauche à droite.

OBJECTIF

Stimuler le réflexe de marche

Durée : 3 minutes

Conseil

Réalisez cet exercice après l'avoir changé, par exemple, et répétez-le souvent, de façon à noter l'amélioration de la coordination de Bébé.

Remarque

Le réflexe de marche automatique est présent dès les premiers mois de la vie de Bébé et donne l'impression qu'il est prêt pour la marche : il pédale et avance dans le vide.

1

Position de départ

Tenez votre enfant sous les bras, au-dessus du sol.

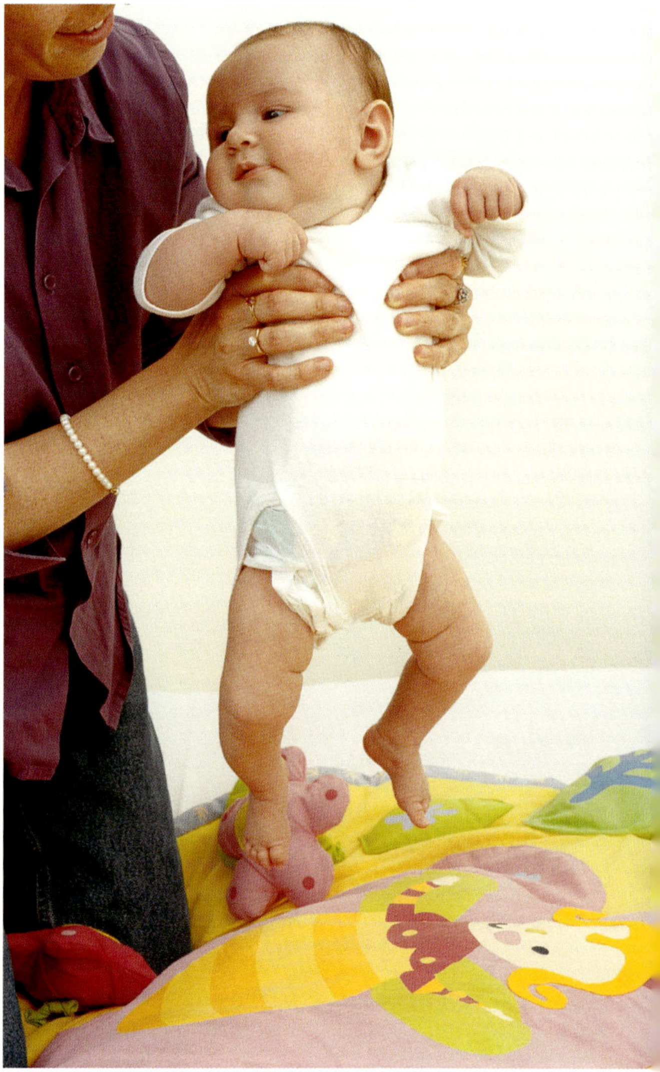

2

Exercice

Approchez Bébé le plus près possible du sol, sans qu'il entre en contact avec celui-ci.

Laissez le « mouliner » dans le vide et déplacez-le vers l'avant, comme s'il marchait, pendant 1 minute.

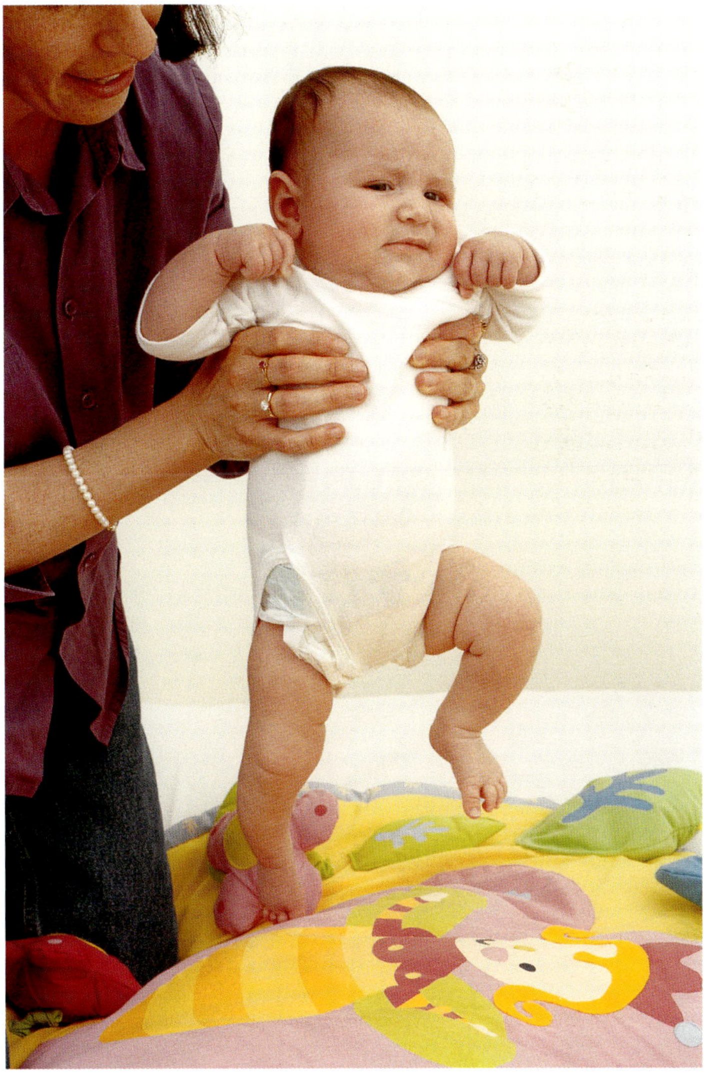

13 STRETCHING
Assouplissement des jambes

OBJECTIF

Accroître la souplesse par le stretching

Durée : 2 minutes

Conseil

Prenez votre temps pour réaliser l'exercice et ne forcez pas sur les articulations : vous devez sentir comme un élastique qui se tend.

Remarque

On constate, chez les bébés, que les muscles situés à l'arrière des cuisses sont beaucoup plus toniques que ceux situés à l'avant.

Ici, il s'agit en fait d'un exercice de stretching pour Bébé visant à équilibrer la souplesse des jambes.

Attention !

Au départ de l'exercice, une main doit être posée sur le ventre de Bébé, de façon à éviter que le bas de son dos ne décolle du sol.

1

Position de départ

Bébé est couché sur le dos.

2

Exercice

Prenez les deux pieds de Bébé dans une main, en veillant à laisser ses genoux tendus, puis amenez doucement les jambes à la verticale.

Avec l'autre main, poussez progressivement et très doucement au-dessus des genoux, de façon à maintenir ces derniers tendus.

Répétez 5 fois en maintenant la position pendant 15 secondes.

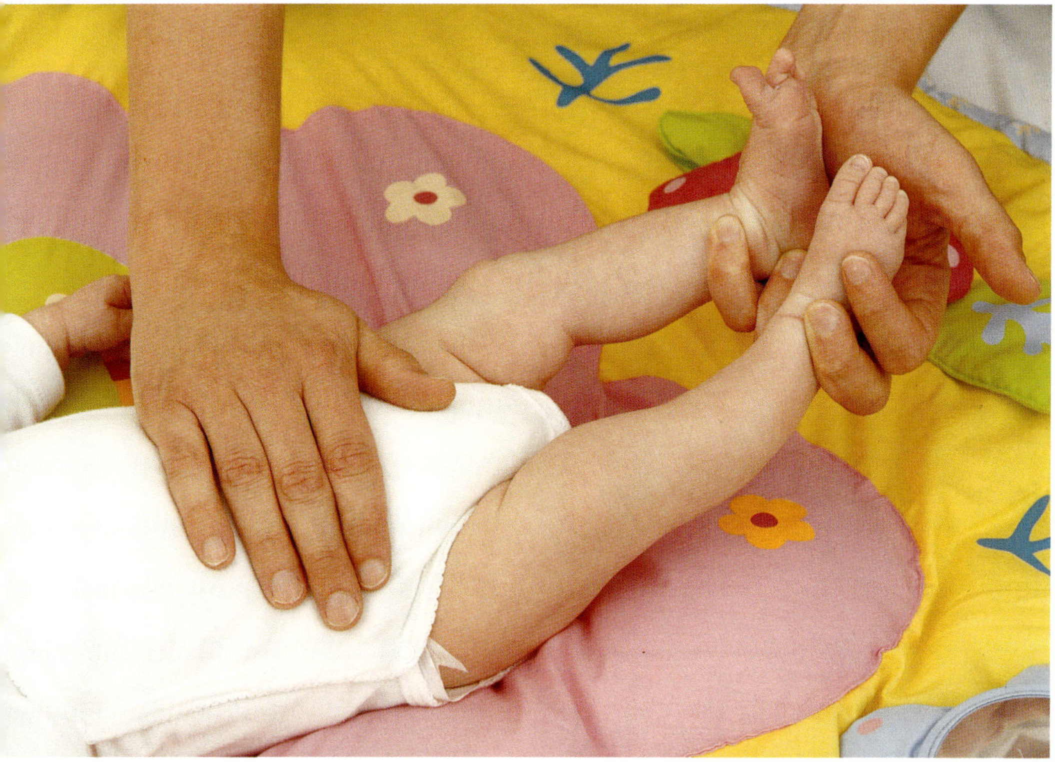

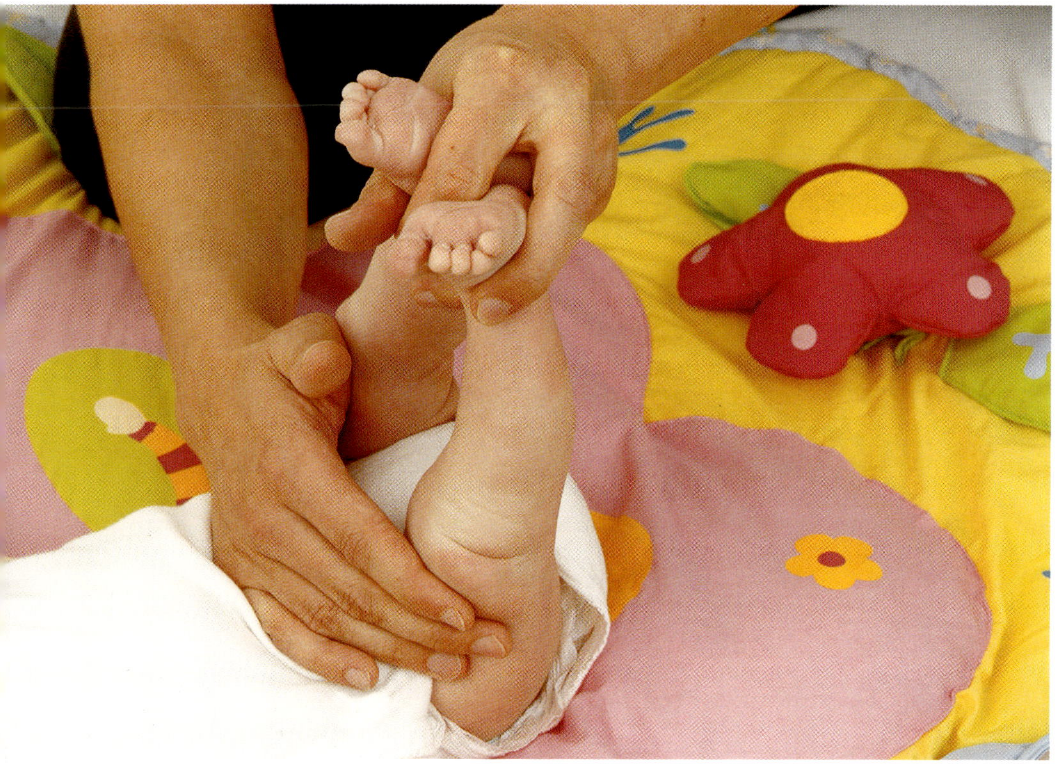

14 ANTI-GRASPING
Décrispation de la main

OBJECTIF

Stimuler l'ouverture de la main

Durée : 2 minutes

Conseil

Vous pouvez utiliser l'écartement du pouce pour obtenir une meilleure ouverture.

Remarque

Le serrage des poings est un réflexe primitif (*to grasp* : attraper, en anglais).

Il est utile de stimuler l'ouverture des mains de Bébé, qui les garde fermées une grande partie de la journée.

Attention !

▲ Ne forcez pas, douceur et délicatesse sont de mise.

1

Position de départ

Prenez une main de Bébé entre vos doigts.

2

Exercice

Doucement, essayez d'ouvrir la main de votre enfant, en étalant au maximum ses doigts et la paume de sa main.

Maintenez la position 20 secondes.

Faites une pause.

Répétez 10 fois.

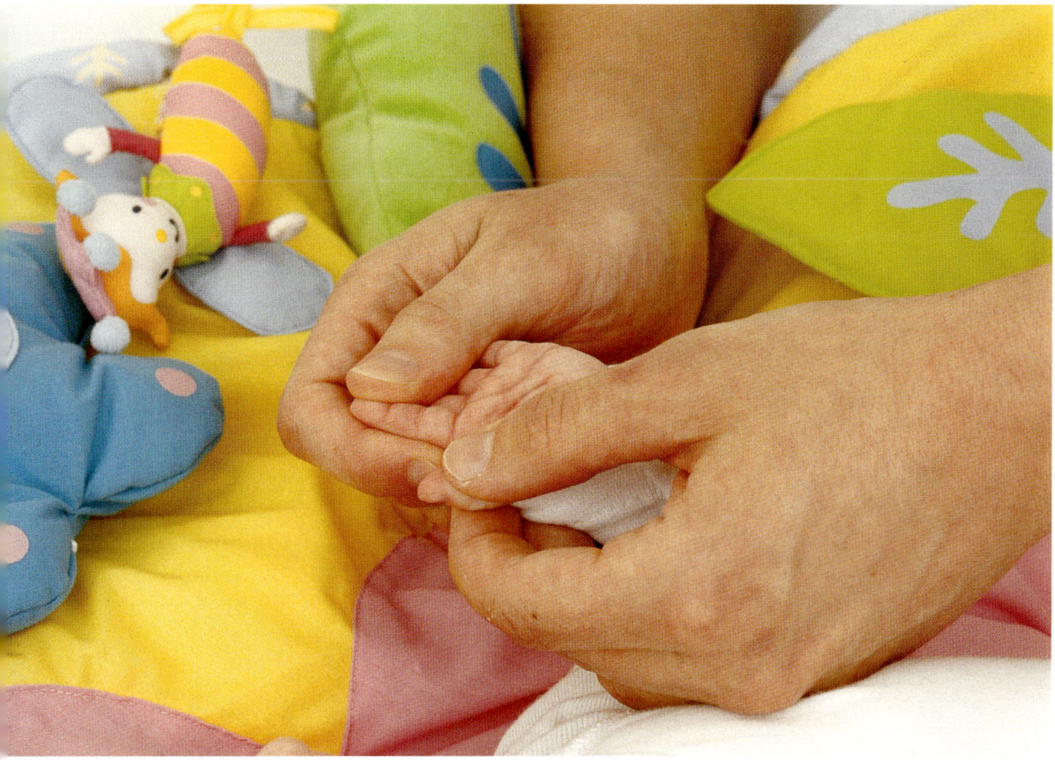

DE LA POSITION ASSISE À LA POSITION DEBOUT

Cette période est généralement comprise entre quatre mois et un an, mais, comme précédemment, des différences de maturité existent entre chaque enfant.

L'apprentissage de la station debout sollicite un grand nombre des muscles du corps et nécessite un apprentissage de l'équilibre.

Nous vous proposons des exercices qui aideront votre enfant dans cette démarche en travaillant la coordination des mouvements, l'équilibre dans différentes positions, la notion de but à atteindre, etc.

N'hésitez pas à revenir sur les exercices du chapitre précédent, en particulier sur ceux que Bébé préférait.

15 PASSE-PASSE
Déplacement après analyse d'une situation

OBJECTIF

Apprendre à agir en fonction d'une situation

Durée : 2 minutes

Conseil

Progressivement, augmentez la difficulté de l'exercice : baissez l'intensité lumineuse, enfermez l'objet dans une boîte, etc.

Remarque

Il s'agit d'un exercice complexe, car Bébé doit fournir une réponse motrice adaptée à une situation nouvelle.

1

Position de départ

Placez-vous face à votre bébé.

2

Exercice

Attirez l'attention de Bébé avec un objet.

Cachez ensuite cet objet derrière votre dos, de façon à provoquer dans un premier temps sa réflexion, qui entraînera dans un deuxième temps son déplacement vers l'objet.

Faites cet exercice 2 ou 3 fois avec le même objet ; ensuite, l'effet de curiosité aura tendance à s'estomper.

16 C'EST DOUX ! Éveil du toucher

OBJECTIF

Initier le sens du toucher et permettre la différenciation des textures

Durée : 2 minutes

Conseil

Essayez à chaque séance d'introduire des éléments différents, ce qui vous permettra d'augmenter la « durée de vie » de cet exercice.

Remarque

Les enfants mettent les objets à la bouche : laissez-les faire (sous réserve que ces derniers soient propres), la bouche est un organe sensitif très important dont ils se servent dans leur apprentissage quotidien.

Attention !

▲ Bébé ne doit rien avaler.

1

Position de départ

Choisissez plusieurs tissus ou matériaux que vous aurez pris soin de sélectionner en fonction de leurs différentes qualités (soyeux, rêche, râpeux, doux, couleurs vives...).

2

Exercice

Présentez les différentes textures à votre enfant, en les lui décrivant le mieux possible.

Encouragez-le lorsqu'il marque de l'intérêt.

17 À MOI LA BALLE !
Coordination objectif/action

OBJECTIF

Stimuler le déplacement dans un but précis

Durée : 2 minutes

Conseil

Vous pouvez progressivement rajouter des obstacles – coussins, chaise – ou accroître la difficulté – placer l'objet en hauteur.

Encouragez-le de la voix.

Remarque

Vous pourrez pratiquer cet exercice à différentes étapes de son évolution motrice, de la phase de reptation jusqu'à la marche.

1

Position de départ

Placez Bébé dans un espace bien dégagé où il puisse évoluer librement.

2

Exercice

Déposez un objet à un endroit précis de la pièce et demandez à Bébé de le récupérer.

18 C'EST À MOI, TOUT ÇA ?
Prise de conscience corporelle

OBJECTIF

Reconnaître les différentes parties du corps en s'aidant de la voix

Durée : 1 minute

Conseil

Changez souvent de partie du corps, puis revenez sur celle déjà abordée, de façon à stimuler sa vigilance.

Remarque

La prise de conscience corporelle est facilitée par l'identification auditive des différentes parties du corps.

1

Position de départ

Installez-vous face à votre enfant, placé en position allongée.

Attention !

▲ Utilisez toujours les mêmes mots, afin d'éviter toute confusion.

2

Exercice

Montrez et touchez les différentes parties du corps de Bébé et nommez-les systématiquement.

Répétez jusqu'à obtenir une réaction d'intérêt de sa part.

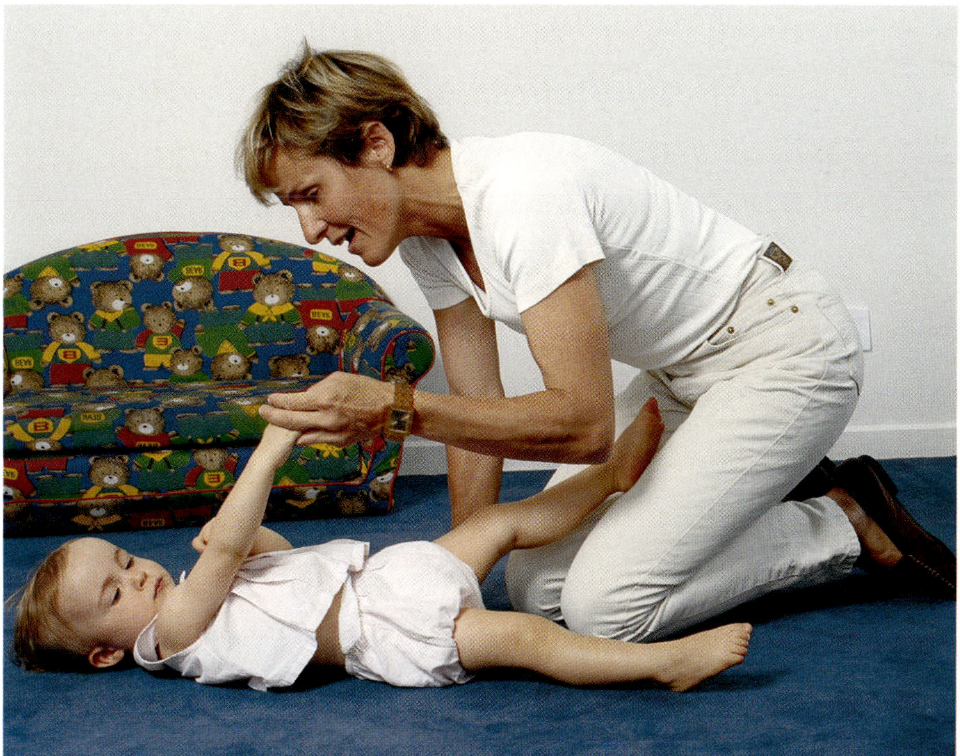

19

PATATRAS
Empilement de cubes

OBJECTIF

Solliciter la précision du geste

Durée : 2 minutes

Conseil

Vous pourrez par la suite intégrer d'autres objets aux formes plus complexes.

Remarque

Cet exercice révèle à Bébé les notions d'espace, de volume et d'équilibre.

1

Position de départ

Bébé est assis face à un tas de cubes.

2

Exercice

Montrez-lui de façon très succincte comment empiler ses cubes, puis laissez-le faire.

Rapidement, il prendra conscience des gestes les plus appropriés pour parvenir à un certain équilibre dans l'empilage.

20 À TOI !
Jeu de balle en position assise

OBJECTIF

Renforcer l'équilibre et l'adresse

Durée : 2 minutes

Conseil

Renouvelez l'exercice jusqu'à ce que votre enfant parvienne à maintenir la position assise sans tomber d'un côté ou de l'autre.

Remarque

Cet exercice stimule les centres de l'équilibre, et les muscles du dos et des abdominaux.

Attention !

La position est instable : Bébé peut tomber. Placez des coussins latéralement pour éviter tout bobo.

1

Position de départ

Placez-vous face à votre enfant assis sur ses fesses.

2

Exercice

Faites rouler une balle sur le sol, de façon qu'il puisse la rattraper en se penchant.

Demandez-lui ensuite de renvoyer la balle.

Progressivement, faites rouler la balle à gauche et à droite de Bébé, pour le déséquilibrer.

Lancez 10 fois la balle, faites une pause, puis recommencez.

21 BÂBORD, TRIBORD
Équilibre sur un ballon

OBJECTIF

Travailler l'équilibre en position assise

Durée : 3 minutes

Conseil

Vous pouvez, au départ, poser vos mains sur le bassin de Bébé pour le guider.

Remarque

Cet exercice oblige votre enfant à se tenir droit pour maintenir l'équilibre de son buste.

Attention !

▲ Votre enfant doit déjà être capable de s'asseoir correctement avant de réaliser cet exercice.

1

Position de départ

Placez-vous derrière votre enfant, qui, lui, est assis sur un ballon, les pieds posés sur le sol.

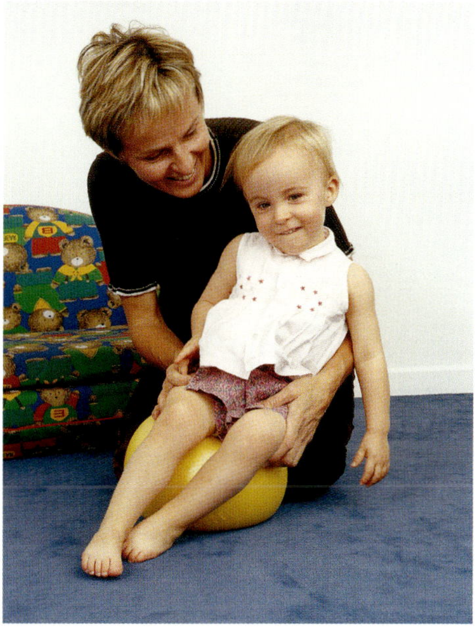

2

Exercice

Poussez doucement le ballon dans différentes directions, de façon à provoquer un déséquilibre.

Maintenez Bébé 1 minute sur le ballon.

Répétez 3 fois.

22 JE TIENS MA TÊTE !
Stimulation des muscles du cou

OBJECTIF

Travailler spécifiquement la nuque et le port de tête

Durée : 2 minutes

Conseil

Ne poussez pas trop fort : vous devez juste ressentir la mise en tension des muscles concernés.

Remarque

Les muscles du cou sont primordiaux dans l'évolution motrice des enfants.

En effet, ils soutiennent la tête et fonctionnent de façon coordonnée avec la vision.

Attention !

La tête doit rester droite pendant tout l'exercice.

1

Position de départ

Placez votre enfant de façon bien stable entre vos jambes.

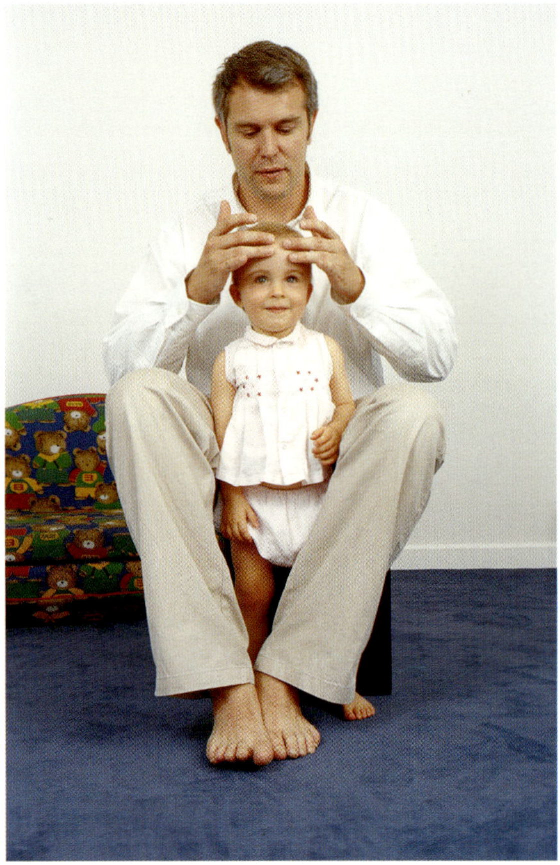

2

Exercice

Placez vos mains sur son front, en y exerçant une poussée légère mais constante ; maintenez la pression pendant 6 secondes.

Modifiez ensuite votre appui pour solliciter d'autres muscles, en plaçant vos mains en arrière de la tête de Bébé ; suivez le même cheminement.

Terminez par les muscles latéraux, en plaçant votre main sur le côté gauche, puis sur le côté droit de la tête de Bébé.

Réalisez 5 pressions de chaque côté, pendant 6 secondes.

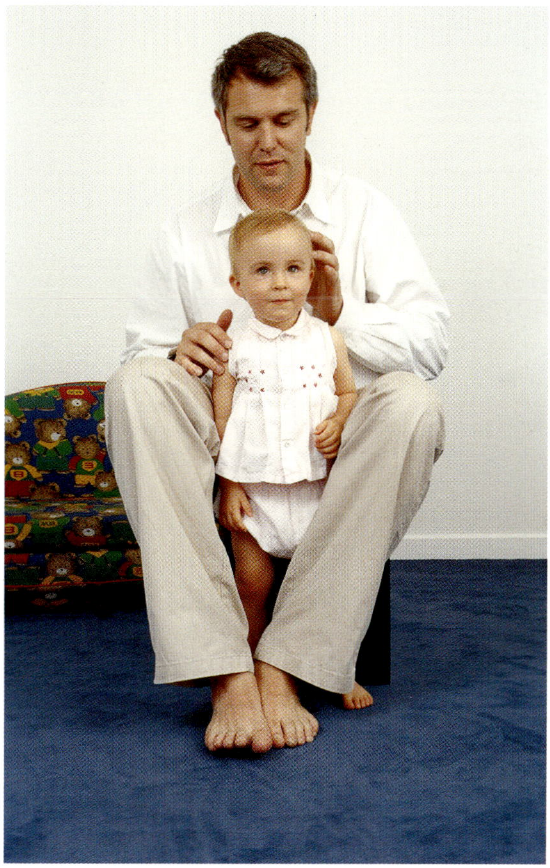

23 RENCONTRE DU TROISIÈME TYPE
Socialisation

OBJECTIF

Découvrir et entrer en communication avec l'autre

Durée : 10 minutes

Conseil

Essayez de renouveler cette situation le plus souvent possible, d'abord peu de temps, puis progressivement sur des périodes plus longues.

Remarque

Les premiers contacts sont parfois un peu rudes.

Cette mise en relation va permettre de sortir de la cellule familiale, mais aussi de créer une forte émulation qui favorisera le développement de l'enfant.

Attention !

▲ Au départ, évitez de mettre votre enfant dans une situation stressante, par exemple en contact avec un grand nombre d'enfants.

1

Position de départ

Placez deux enfants dans la même pièce.

2

Exercice

Laissez la relation s'engager entre les deux enfants, sans trop intervenir.

Mettez juste à leur disposition des jouets et autres objets qui leur permettront de prendre contact.

Surveillez-les discrètement.

24 C'EST MOI LE PLUS GRAND !
Approche de la position debout

OBJECTIF

Se mettre à genoux et se redresser

Durée : 1 minute

Conseil

Respectez bien la progression de l'exercice. Prenez votre temps.

Remarque

Si votre enfant ne réussit pas, recommencez un autre jour.

Attention !

▲ La position est instable. Veillez à ce que Bébé ne tombe pas.

1

Position de départ

Placez-vous derrière votre enfant. Lui est assis sur les fesses.

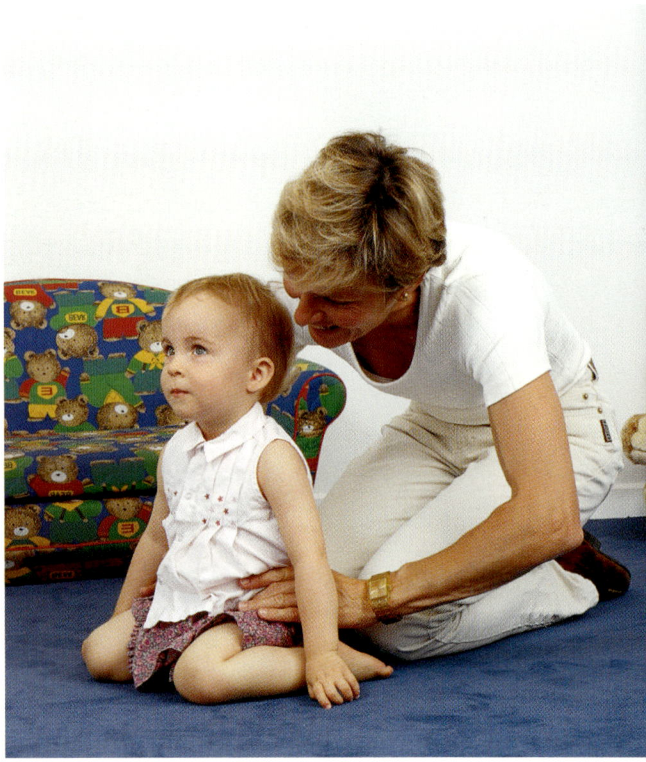

2

Exercice

Placez vos mains de chaque côté du bassin de votre enfant.

Basculez celui-ci progressivement vers l'avant, de façon à créer un déséquilibre.

Effectuez une poussée supplémentaire vers le haut, afin de réaliser le mouvement de redressement.

Enfin, stabilisez la position pour que Bébé puisse la tenir seul.

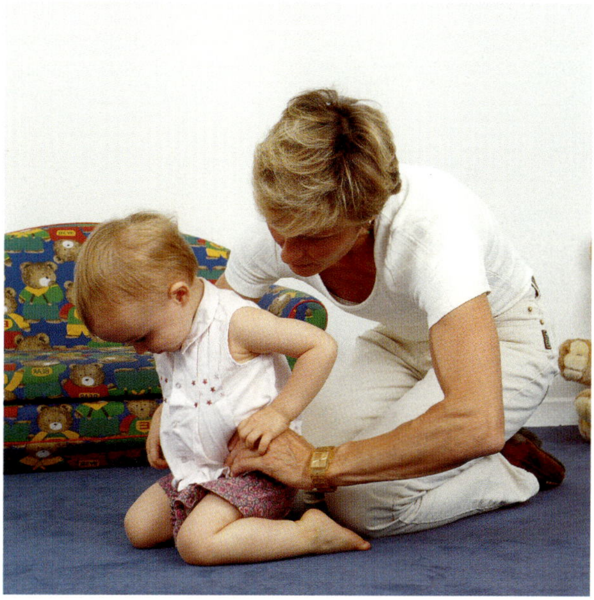

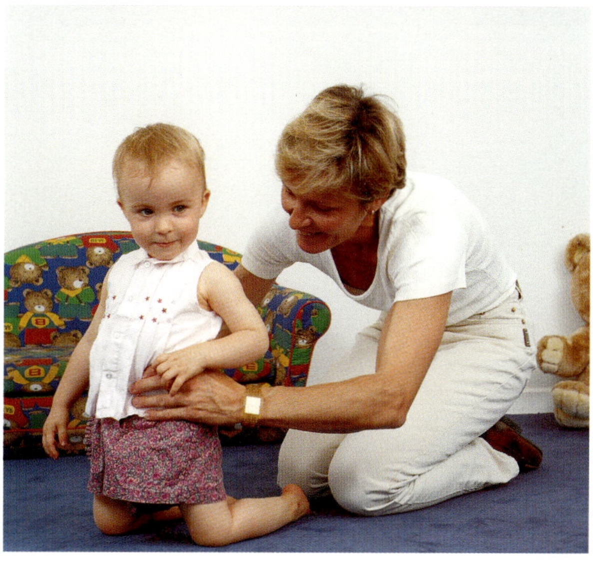

25 ASCENSION DE L'EVEREST
Plan incliné

OBJECTIF

Progresser en ascension

Durée : 2 minutes

Conseil

Réalisez cet exercice jusqu'à ce que votre enfant le maîtrise sans risque de chute.

Les plus adroits pourront sauter une fois arrivés en haut.

Il est également intéressant d'associer cet exercice avec la glissade.

Remarque

La notion de pente est nouvelle pour la plupart des bébés.

Attention !

▲ Parvenu au bout de la planche, votre enfant peut avoir besoin de vous pour descendre.

1

Position de départ

Placez une planche sur un support de façon à réaliser un plan incliné.

Bébé alpiniste est face à la montagne !

2

Exercice

Montrez à Bébé comment grimper sur ce plan en s'aidant de ses mains.

Soutenez-le au début.

Répétez 10 fois.

26 POLOCHON
Équilibre assis

OBJECTIF

Travailler l'équilibre en position assise

Durée : 3 minutes

Conseil

Faites en sorte que Bébé se tienne droit pendant l'exercice.

1

Position de départ

Placez votre enfant assis sur un coussin rond.

Remarque

L'équilibre assis sollicite les abdominaux et les muscles du dos.

Attention !

▲ Sécurisez la zone pour prévenir toute chute.

2

Exercice

Tournez le coussin par à-coups, de façon à déséquilibrer Bébé.

Commencez l'exercice avec des petits mouvements, puis augmentez progressivement l'amplitude, le tout pendant 10 secondes.

Répétez 10 fois.

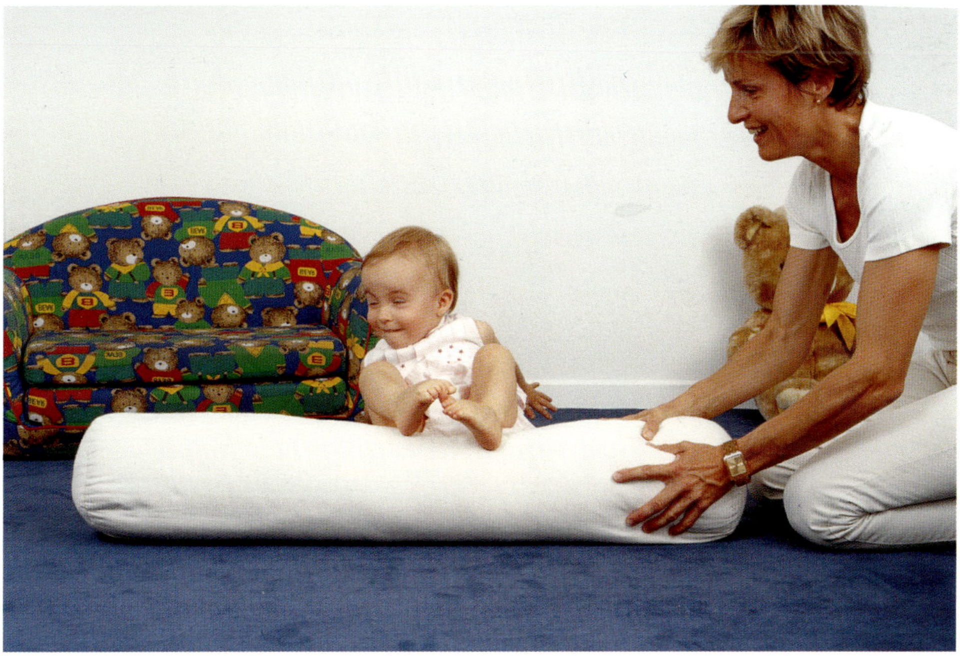

27

SUMO
Équilibre à genoux

OBJECTIF

Solliciter l'équilibre et la vigilance

Durée: 3 minutes

Conseil

Protégez ses genoux avec un coussin si le sol paraît trop dur.

Remarque

Cet exercice sollicite les muscles qui permettent à bébé de se stabiliser dans cette position.

1

Position de départ

Placez-vous derrière votre enfant, qui se trouve à genoux, en position redressée.

2

Exercice

Déstabilisez votre enfant par de petites poussées à droite et à gauche.

Progressivement, essayez d'obtenir un balancement de droite à gauche, puis sollicitez Bébé pour qu'il commence à faire le mouvement seul.

28 VUE IMPRENABLE
Premier redressement

OBJECTIF

Aider aux premières stations debout en utilisant une chaise ou un meuble

Durée : 2 minutes

Conseil

Dès que votre enfant en est capable, n'hésitez pas à stimuler le passage de la position assise à la position debout.

Attention !

Utilisez une chaise stable, qui ne risque pas de glisser pendant la phase de redressement.

1

Position de départ

Placez votre enfant à côté d'une chaise.

2

Exercice

Aidez Bébé à se tenir debout en s'appuyant sur la chaise.

Dans un deuxième temps, à partir de la position assise, laissez-le se redresser seul en s'aidant des pieds de la chaise.

Répétez 10 fois.

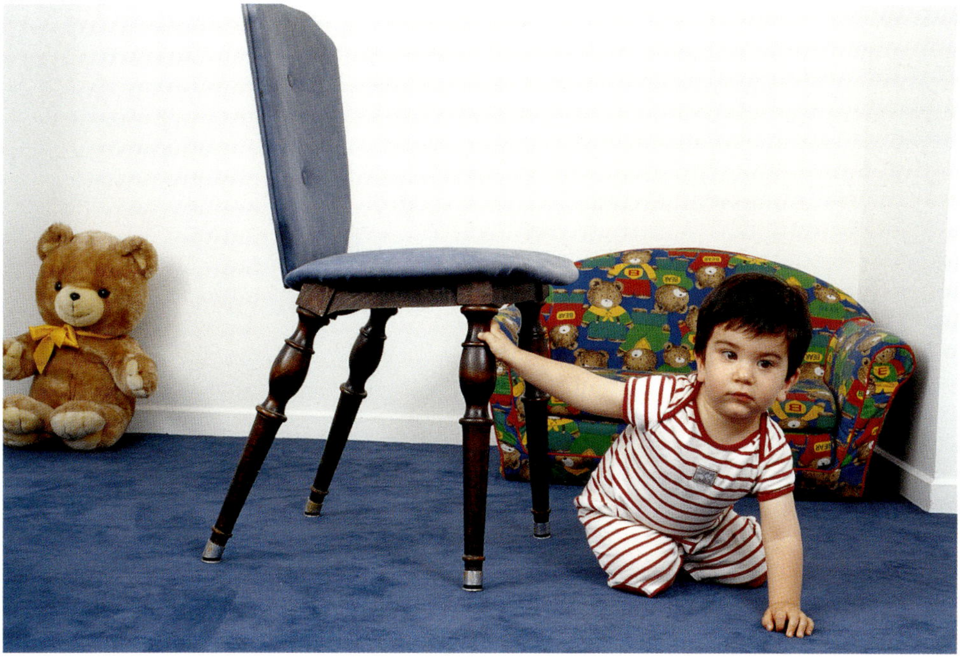

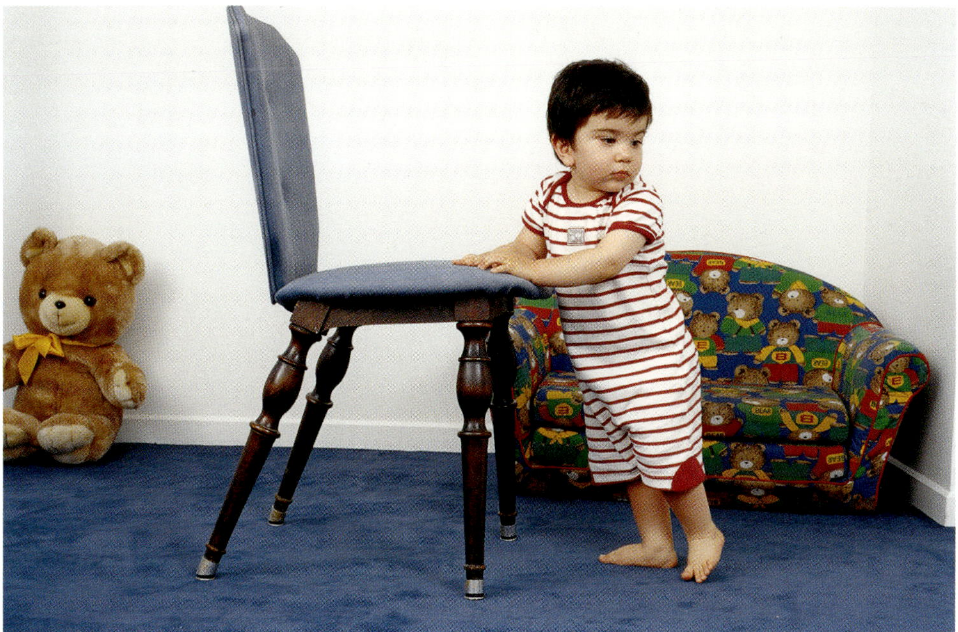

DE LA POSITION DEBOUT À L'AUTONOMIE

Bébé part à la découverte du monde, mais son pas n'est pas encore assuré. Il doit apprendre à monter des marches, à courir après ses frère(s) et sœur(s), à escalader, sauter, etc.

Les exercices que nous vous proposons vont développer son assurance en position debout, son adresse et sa capacité à réagir face aux événements extérieurs.

C'est encore un bébé, et il a besoin d'encouragement et d'exemple : n'hésitez pas à l'entourer d'autres enfants et ne le privez pas de câlins, qui sont pour lui le plus grand des réconforts.

29 TOBOGGAN
Première glissade

OBJECTIF

Découvrir et maîtriser le glissement

Durée : 3 minutes

Conseil

Augmentez progressivement l'angle de la pente.

Remarque

Cet exercice très ludique peut être réalisé de nombreuses fois sans fatigue.

Attention !

Votre enfant peut éprouver une certaine panique au départ ; rassurez-le et faites bien attention aux premières glissades.

1

Position de départ

Placez votre enfant en haut d'une pente douce.

2

Exercice

Faites-le glisser progressivement sur cette pente.

Accompagnez-le pour le sécuriser.

Peu à peu, laissez-le faire, il deviendra rapidement un adepte de la glisse.

Répétez 10 fois l'exercice… et plus si affinité !

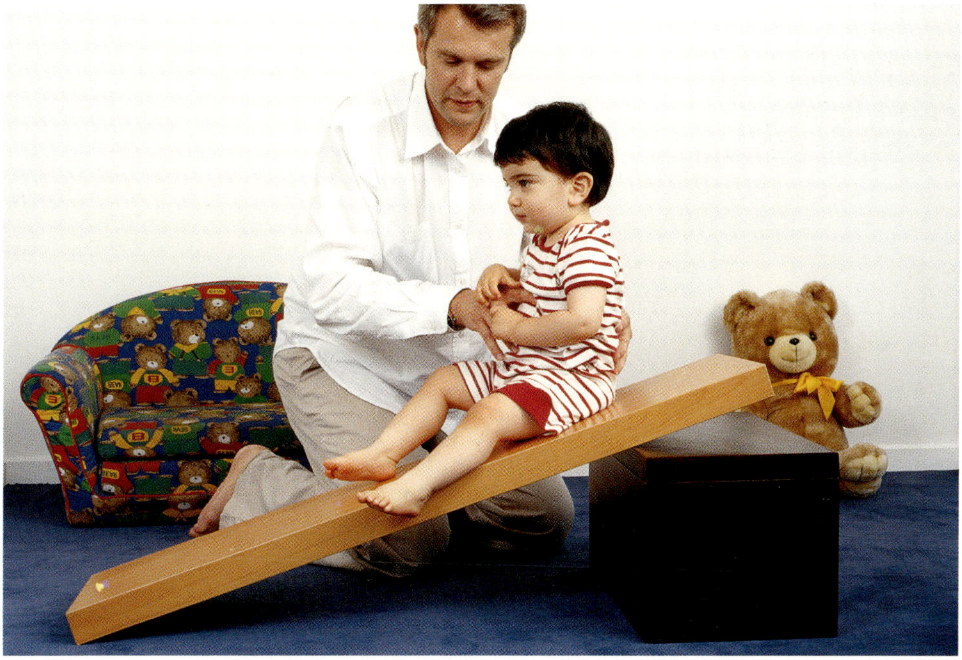

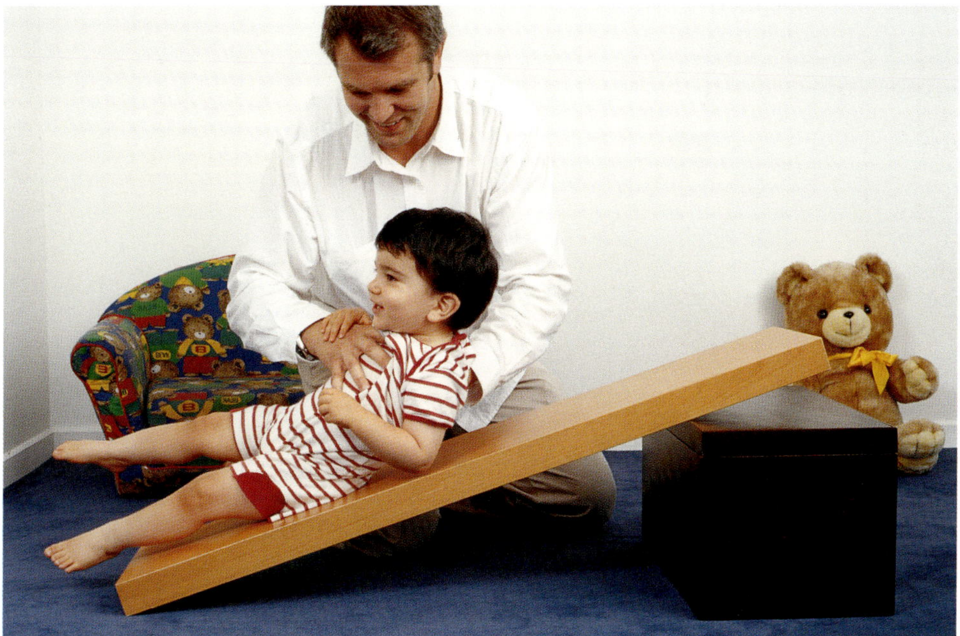

30 TU ES BELLE, MAMAN !
Conscience de l'autre

OBJECTIF

Découvrir l'autre en position debout

Durée : 2 minutes

Conseil

Dès que vous pouvez partager ces moments privilégiés de découverte et d'échange, faites-le.

Ils sont très utiles au développement de votre enfant.

Remarque

Votre enfant peut désormais se tenir debout, mais il lui reste à prendre la mesure de son environnement dans cette position.

1

Position de départ

Tenez-vous à genoux devant votre enfant.

2

Exercice

Faites un geste vers lui en le décrivant :
« Je te touche la joue, la main, etc. »

Il doit répéter le geste précisément.

Renouvelez l'exercice avec les différentes parties du corps.

31

TIENS BON LA BARRE !
Équilibre en position debout

OBJECTIF

Trouver et conserver ses appuis

Durée : 3 minutes

Conseil

Ne poussez pas trop fort : de simples pressions suffisent.

Remarque

Cet exercice sollicite les muscles qui permettent à Bébé de se stabiliser en position debout.

Attention !

▲ Ne le faites pas tomber…

1

Position de départ

Placez-vous derrière votre enfant, qui se tient debout.

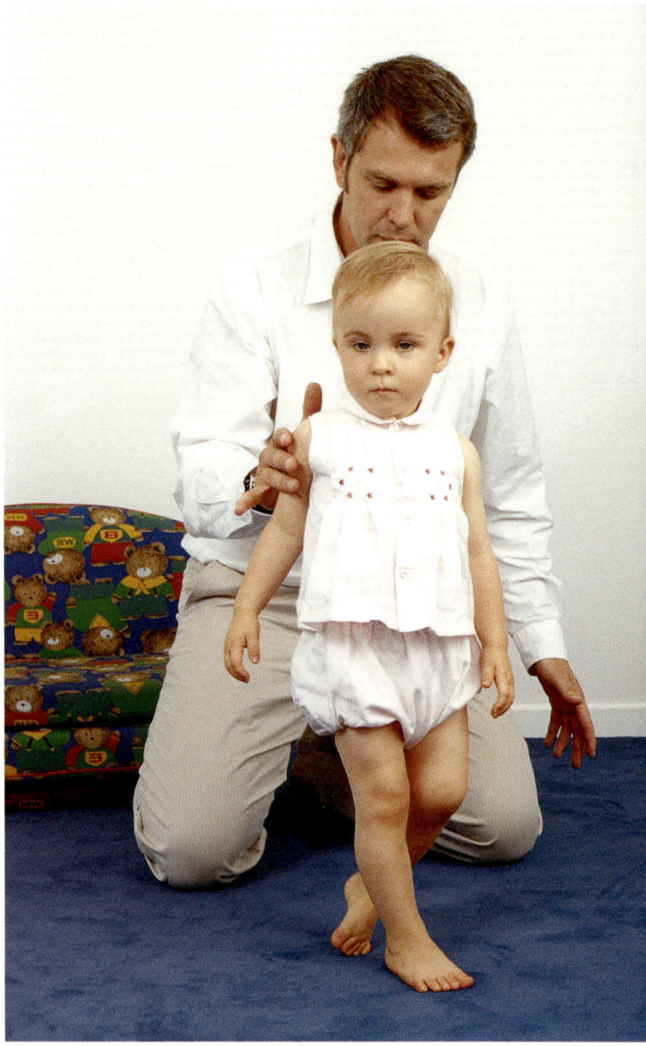

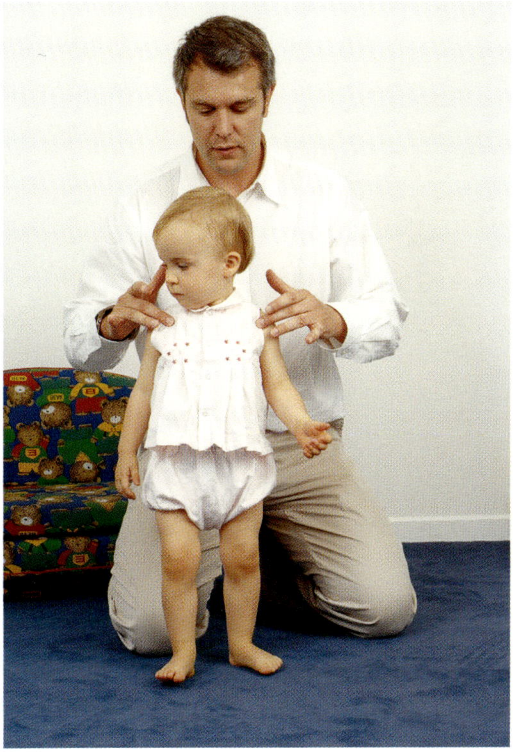

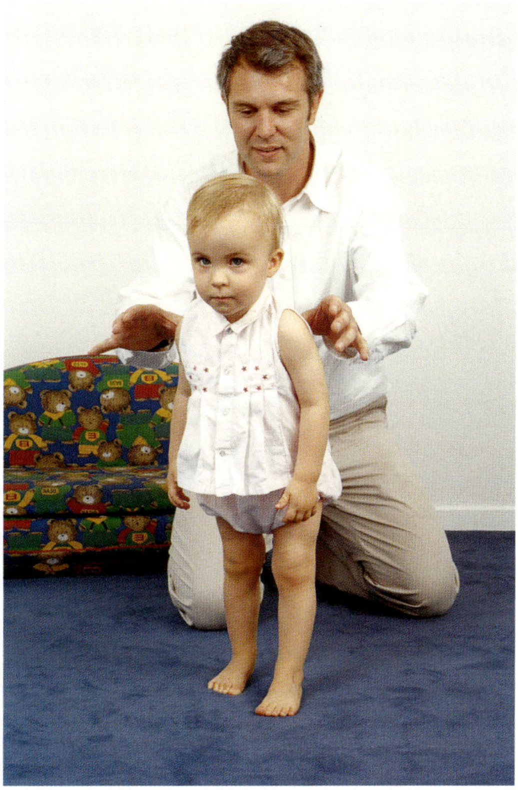

2

Exercice

Déséquilibrez-le par de courtes poussées à droite, à gauche, en avant et en arrière.

Commencez par des poussées assez courtes, puis, progressivement, augmentez le temps de poussée ; relâchez enfin votre main rapidement, de façon à créer un effet de surprise.

Le tout doit durer 10 secondes.

Répétez 10 fois.

32 AUTEUIL
Passage d'obstacles

OBJECTIF

Travailler l'équilibre et la coordination

Durée : 2 minutes

Conseil

Changez régulièrement le type d'obstacle.

Remarque

Bébé rencontre de nombreux obstacles dans sa journée : cet exercice doit lui éviter les chutes.

1

Position de départ

Placez votre enfant debout face à un obstacle (coussin, boudin, etc.).

Attention !

▲ Ne le laissez pas faire tout seul.

2

Exercice

Faites-lui franchir l'obstacle en l'aidant, puis sans aide, puis de plus en plus vite.

Recommencez l'exercice en marche arrière.

Répétez 10 fois.

33 DROIT COMME UN « I »
Auto-agrandissement

OBJECTIF

Favoriser le redressement de Bébé

Durée : 3 minutes

Conseil

N'hésitez pas à refaire cet exercice régulièrement.

Remarque

Se tenir droit, pour un enfant comme pour un adolescent, est une notion parfaitement abstraite : utilisez un miroir pour améliorer la perception spatiale.

Attention !

N'appuyez que très légèrement sur le crâne : fragile !

1

Position de départ

Placez-vous derrière votre enfant, une main posée sur sa tête, l'autre dans son dos.

2

Exercice

Exercez progressivement une pression sur le sommet du crâne, de façon à provoquer une réaction de redressement.

De l'autre main, contrôlez par simple pression le redressement obtenu.

Maintenez la pression pendant 10 secondes.

Répétez 10 fois.

34

BIGUINE
Premiers pas

OBJECTIF

Aider Bébé à se lancer

Durée: 2 minutes

Conseil

Prenez votre temps et dissociez bien le mouvement: d'abord l'appui sur une jambe, puis l'avancée du bassin, etc.

Remarque

Cet exercice est fatigant pour l'enfant: commencez par quelques pas, puis augmentez progressivement la durée de l'exercice.

Attention !

▲ N'effectuez cet exercice que si votre enfant se tient déjà parfaitement debout.

1

Position de départ

Placez-vous derrière votre enfant, vos mains sur ses hanches.

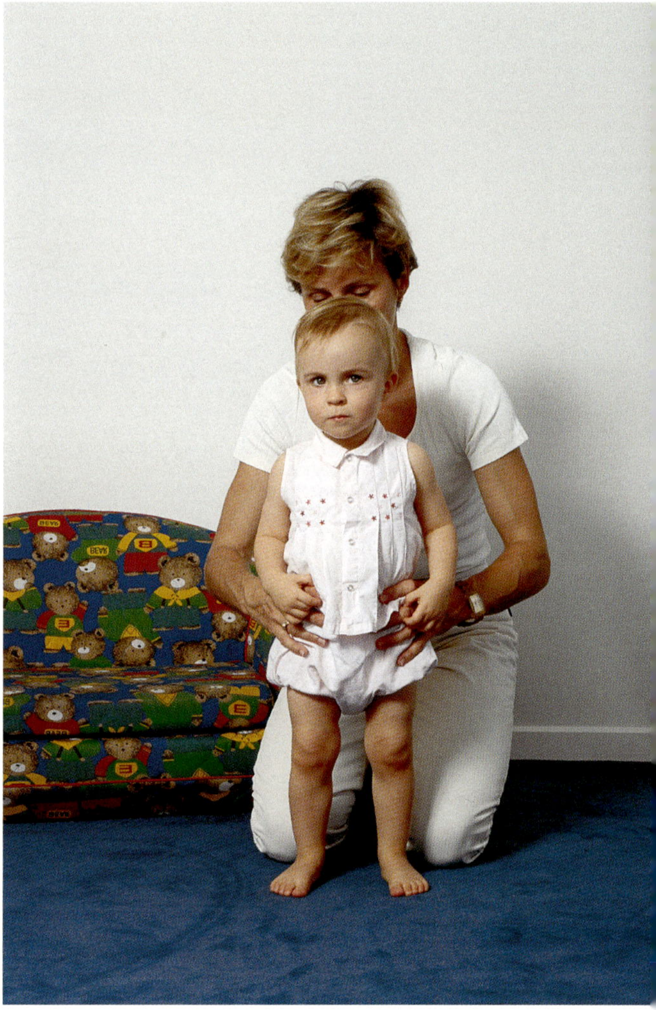

2

Exercice

Dans un premier temps, amenez le poids du corps de votre enfant sur une jambe.

Du côté de la jambe soulagée, amenez le bassin en avant avec votre main, ce qui va avoir pour effet de provoquer le début de la marche.

Recommencez l'exercice de l'autre côté, puis alternez le mouvement à droite et à gauche, de façon à obtenir une marche synchronisée.

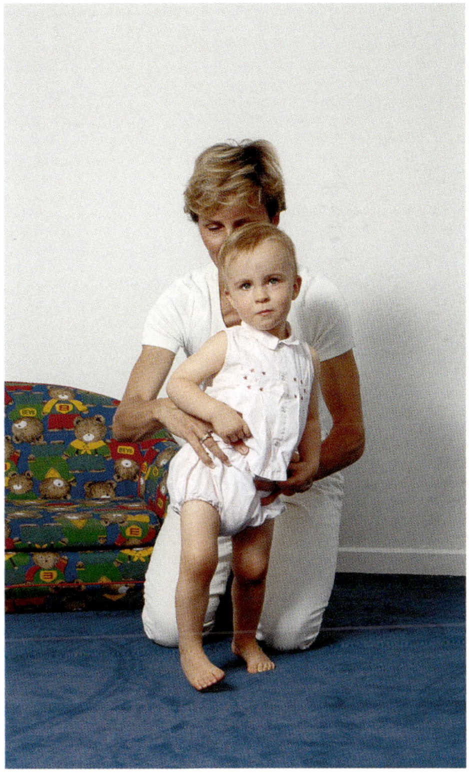

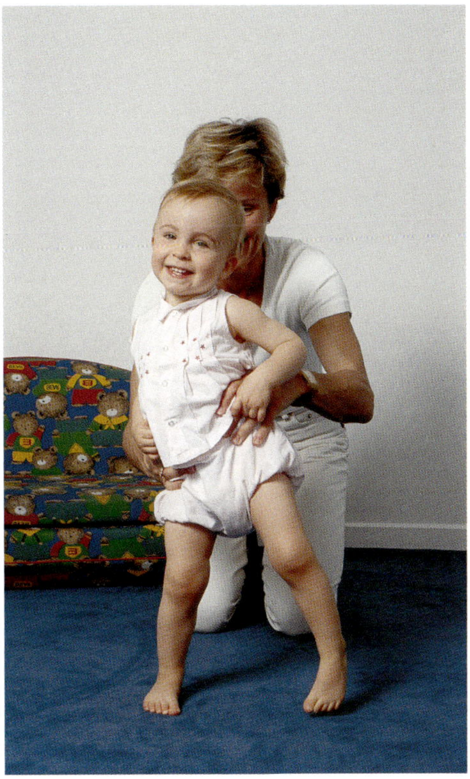

35 BASE-BALL
Saisie au sol

OBJECTIF

Solliciter la préhension en position debout

Durée : 2 minutes

Conseil

Variez la difficulté en lançant la balle d'un côté ou de l'autre, plus haut ou plus bas, plus ou moins fort, etc.

Remarque

Cet exercice sollicite à la fois la synchronisation de la vue et de la main et l'équilibre de Bébé.

Attention !

▲ Cet exercice nécessite un très bon équilibre en position debout.

1

Position de départ

Placez-vous face à votre enfant.

2

Exercice

Lancez-lui la balle avec un rebond de façon qu'il puisse l'attraper facilement.

Demandez-lui de la renvoyer vers vous.

Répétez 10 fois.

36 ÇA TANGUE !
Marche mouvante

OBJECTIF

Améliorer l'équilibre sur terrain instable

Durée : 3 minutes

Conseil

N'utilisez pas de coussins trop rembourrés dans un premier temps, car l'exercice serait trop difficile.

Une couverture un peu épaisse peut suffire.

Remarque

Cet exercice oblige votre enfant à bien décomposer les gestes de la marche.

1

Position de départ

Placez votre enfant debout, face à l'obstacle (matelas de lit pliant ou gros coussin épais).

2

Exercice

Faites progresser votre enfant sur ce terrain instable, en prenant soin de l'accompagner au début, de façon qu'il prenne confiance en lui.

Progressivement, lâchez-lui les mains.

Effectuez ainsi 10 allers-retours.

37

RAMBO
Apprentissage de l'autonomie

OBJECTIF

Vaincre les obstacles

Durée : 3 minutes

Conseil

Réalisez cet exercice à différentes étapes de son évolution motrice, de la phase de reptation jusqu'à la marche.

Variez les parcours.

Remarque

Il s'agit d'une répétition générale de plusieurs petits exercices que votre enfant maîtrise déjà.

C'est pour lui un moyen d'utiliser tout son potentiel moteur, et de commencer à être autonome.

Attention !

Ne mettez pas votre enfant dans une situation d'échec : sachez adapter le parcours à ses capacités.

1

Position de départ

Servez-vous des différents exercices que nous avons déjà décrits pour élaborer un parcours ludique et varié.

Placez Bébé debout au début du parcours.

2

Exercice

Enchaînez les épreuves, en l'aidant au début, puis sans aide, enfin de plus en plus vite.

Effectuez 5 parcours complets.

38 CIRCUS, CIRCUS
Équilibre fragile

OBJECTIF

Travailler l'équilibre en station debout

Durée : 2 minutes

Conseil

Soulevez un peu Bébé au début.

Remarque

Le rôle de la voûte plantaire est essentiel dans cet exercice.

Attention !

▲ Au départ, placez bien les pieds de Bébé sur le ballon.

1

Position de départ

Placez votre enfant debout sur un ballon et maintenez-le par le bassin.

2

Exercice

Aidez-le à trouver son équilibre sur le ballon, les jambes tendues.

Maintenez la position 1 minute sur le ballon immobilisé entre vos genoux, puis relâchez progressivement.

Répétez 3 fois.

39 RUGBY
Traction sur un ballon

OBJECTIF

Apprendre à tenir et à tirer en station debout

Durée : 2 minutes

Conseil

Vous pouvez améliorer l'exercice en alternant tractions et poussées.

Remarque

Pour un très jeune enfant, tirer est plus évident que pousser.

Attention !

▲ Ne lâchez pas le ballon, afin d'éviter toute chute en arrière de votre enfant.

1

Position de départ

Mettez-vous face à votre enfant, en lui présentant un ballon.

2

Exercice

Dès qu'il l'a attrapé, exercez une traction, de façon à lui résister.

Stimulez-le de manière à obtenir une réponse appropriée à l'effort que vous exercez.

Répétez 10 fois, en augmentant progressivement la force de traction.

40 PREMIER DE CORDÉE
Montée de marche

OBJECTIF

Travailler l'équilibre sur une jambe

Durée : 2 minutes

Conseil

Apprenez-lui aussi à descendre les marches, mais en marche arrière, pour des raisons de sécurité.

Remarque

Votre enfant peut être effrayé par « l'altitude » : s'il refuse l'exercice, n'insistez pas.

1

Position de départ

Placez votre enfant debout face à une marche.

Attention !

▲ Ne laissez jamais votre enfant seul devant des marches.

2

Exercice

Aidez-le à monter, en décomposant bien le mouvement pour qu'il puisse facilement le reproduire.

Répétez 10 fois.

41

RÉVISION GÉNÉRALE

Enchaînement et coordination

OBJECTIF

Passer de la position sur le dos à la position debout

Durée : 2 minutes

Conseil

N'hésitez pas à encourager votre enfant.

Remarque

Il s'agit en fait d'un exercice global qui reprend l'ensemble des mouvements aboutissant à la station debout.

Attention !

- Effectuez l'exercice comme un enchaînement, en respectant une suite logique.
- Essayez de ne pas brûler les étapes.

1

Position de départ

Bébé est allongé sur le dos.

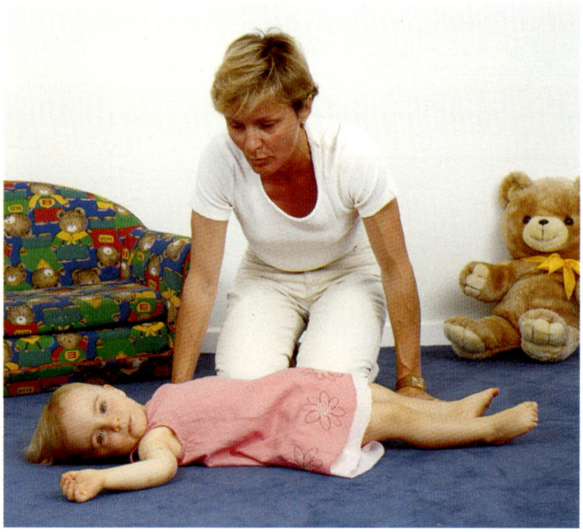

2

Exercice

Placez-vous sur le côté et incitez votre enfant à passer successivement sur le côté, à plat ventre, à quatre pattes, en chevalier servant et debout.

Répétez 10 fois, de plus en plus vite.

MASSAGES ET CONSEILS

Cette dernière partie comporte des conseils pour vous occuper de Bébé et vous présente des techniques de massage.

Après une grossesse, votre dos est fragilisé : il faut donc le ménager dans vos gestes quotidiens. Suivez bien nos conseils et n'hésitez pas à pratiquer votre propre gymnastique pour le dos (*cf. 50 Exercices contre le mal de dos*).

Le massage de Bébé est un moyen remarquable pour vous détendre ensemble.

Il a un effet bénéfique sur le stress, la détente musculaire, la circulation des liquides, la digestion, la respiration, l'image corporelle...

Pratiquez-le plutôt en fin de séance ou avant le coucher.

Le massage des enfants est très pratiqué en Inde, et nous pensons qu'il contribue à créer un climat de sérénité familiale.

Essayez-le sans retenue, mais respectez bien les consignes.

42 ATCHOUM !
Quand il faut moucher Bébé

OBJECTIF

Aider Bébé à mieux respirer

Conseil

Mettez-vous dans les meilleures conditions de calme et de confort pour réaliser cette opération.

Remarque

80 % de la respiration du bébé se fait par le nez, surtout dans les premiers mois.

Il est donc indispensable que celui-ci soit toujours bien dégagé.

Attention !

▲ Le pouce appuie sur le menton, mais en aucun cas sur le cou.

1

Position de départ

Bébé est allongé sur le dos.

2

Exercice

Préparez une dosette de sérum physiologique, que vous conservez ouverte dans une de vos mains.

Avec l'autre main, placez votre pouce sous le menton de Bébé.

Tournez la tête de Bébé d'un côté, de façon à rendre une des narines plus accessible.

Injectez ensuite rapidement une dose de sérum, en prenant soin, grâce à votre pouce, de maintenir sa bouche fermée.

Attendez quelques instants que votre enfant inspire profondément, ce qui a pour effet de diffuser le sérum dans les voies nasales et d'obtenir ainsi une efficacité maximale.

Relâchez la pression exercée par votre pouce, puis appliquez la même technique pour nettoyer l'autre narine.

Cette toilette nasale doit-être biquotidienne.

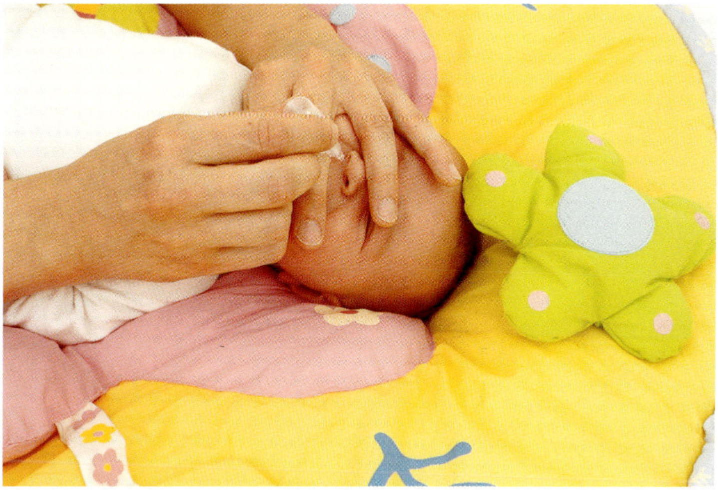

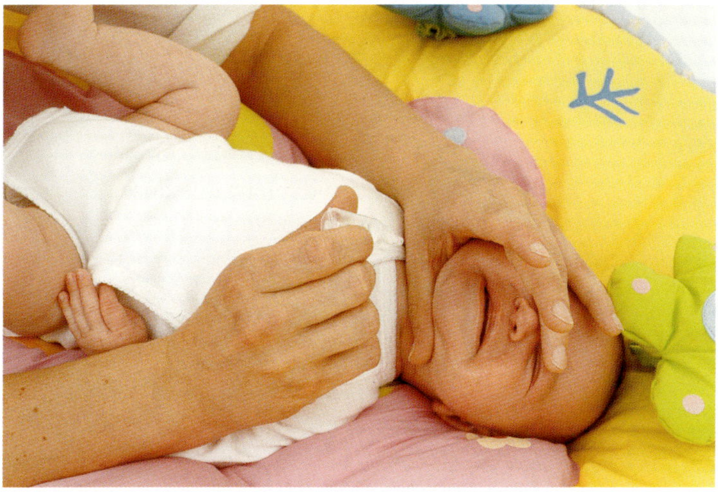

43

CHATOUILLIS
Redressement du pied

OBJECTIF

Maintenir les pieds bien droits

Durée : 30 secondes par pied

Conseil

N'appuyez pas trop fort avec la brosse à dents : il s'agit juste d'une stimulation.

Remarque

La position intra-utérine provoque souvent au niveau des pieds de Bébé un phénomène dit de *metatarsus varus*, l'enfant ayant tendance à mettre ses pieds en dedans.

Il s'agit en fait d'un manque de tonicité de petits muscles permettant de redresser les pieds latéralement. L'amélioration se fera de plus en plus précise au fil des jours, jusqu'au redressement automatique.

Attention !

Si vous avez le moindre doute sur la forme des pieds de Bébé, ou si l'exercice ne semble pas donner de résultat, consultez un professionnel.

1

Position de départ

Bébé est couché sur le dos.

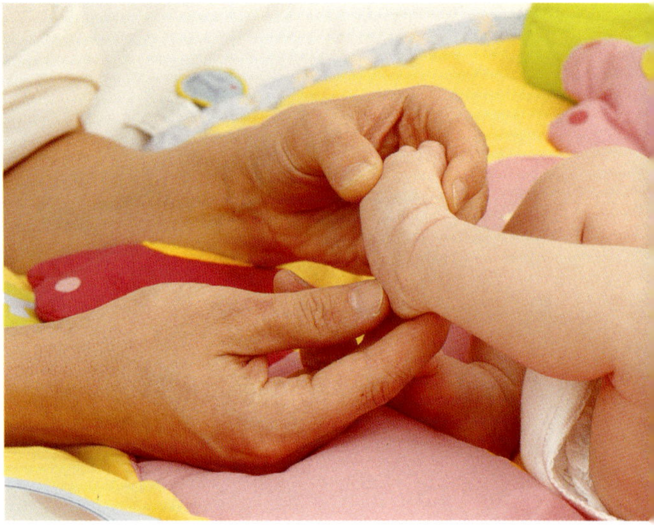

2

Exercice

Attrapez d'une main une jambe de Bébé, en prenant soin de laisser la cheville libre.

Avec le manche d'une brosse à dents, grattez doucement la partie externe de la cheville, de façon à stimuler le réflexe de redressement du pied.

Après stimulation, vous devez obtenir un redressement franc, le pied se dirigeant alors vers le haut et l'extérieur.

Renouvelez avec l'autre pied.

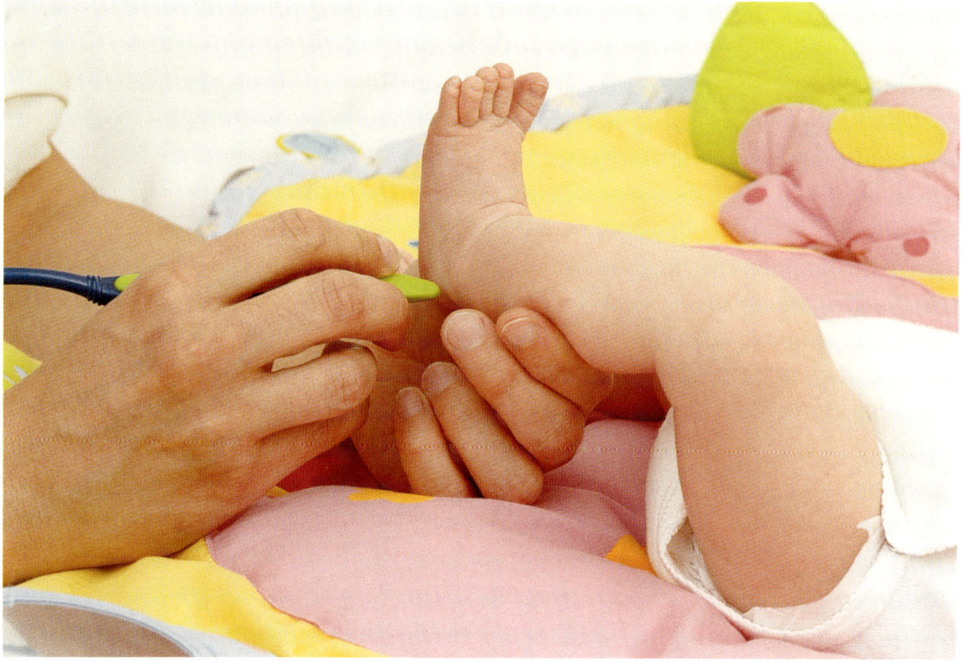

44

OH ! HISSE !
Prise de Bébé au sol

OBJECTIF

Éviter de vous faire mal au dos lorsque vous soulevez votre enfant

Conseil

Dans des cas plus complexes, comme prendre Bébé dans le berceau ou dans la baignoire, posez votre pied sur un marche-pied.

Remarque

En France, une personne sur deux souffre du dos, en particulier après une grossesse.

Attention !

Ce conseil est valable même lorsque vous ramassez un objet au sol. Un seul réflexe : pliez les genoux !

1

Position de départ

Placez-vous debout face à votre enfant.

2

Exercice

Évitez absolument de vous pencher en avant pour prendre Bébé : pliez plutôt les genoux, de façon à solliciter le moins possible votre dos. Portez votre enfant près du corps.

45 PLUS PRÈS DE TOI
Prise dans les bras

OBJECTIF

Protéger votre dos quand vous portez votre enfant

Conseil

Pensez à toujours protéger votre dos en utilisant un marche-pied si besoin est.

Remarque

Quand vous tenez votre enfant à bout de bras, les contraintes exercées sur le haut de votre dos sont très importantes.

1

Position de départ

Vous venez de soulever votre enfant du sol et le portez à bout de bras.

2

Exercice

Dès que vous tenez votre enfant, essayez de le rapprocher le plus possible de vous.

Dans cette position, les tensions musculaires, notamment sur le haut du dos, sont très largement diminuées.

Renouvelez cet exercice jusqu'à ce qu'il devienne automatique dès que vous tenez Bébé.

46 JE VOLE !
Projection en douceur

OBJECTIF

Limiter les risques liés au jeu de la projection

Durée : 1 minute

Conseil

Évitez de faire cet exercice avant la sieste et après le repas.

Remarque

On voit trop souvent des parents lancer leur enfant en l'air, jeu fort apprécié des petits comme des grands. Cet exercice est néanmoins risqué pour le petit cerveau du bébé, qui subit des contraintes importantes entraînant un risque de lésions non négligeable.

Les enfants secoués violemment par les parents sont quant à eux en danger de mort.

Attention !

▲ Protégez votre dos en pliant bien les genoux.

1

Position de départ

Vous êtes à genoux face à votre enfant.

2

Exercice

Prenez-le dans les bras.

En le maintenant assez haut devant vous, balancez-le de droite à gauche sans le projeter.

Le plaisir est garanti et sans danger.

47

MASSAGE DES BRAS

OBJECTIF

Détendre Bébé

Durée : 1 minute par bras

Conseil

Installez bien confortablement votre enfant, et prenez votre temps pour réaliser les manœuvres.

Remarque

Les massages calment Bébé et Maman.

Attention !

Ne massez pas l'aisselle de votre enfant, lieu de beaucoup d'éléments vasculaires et nerveux.

1

Position de départ

Allongez Bébé sur le dos, sur un matelas confortable.

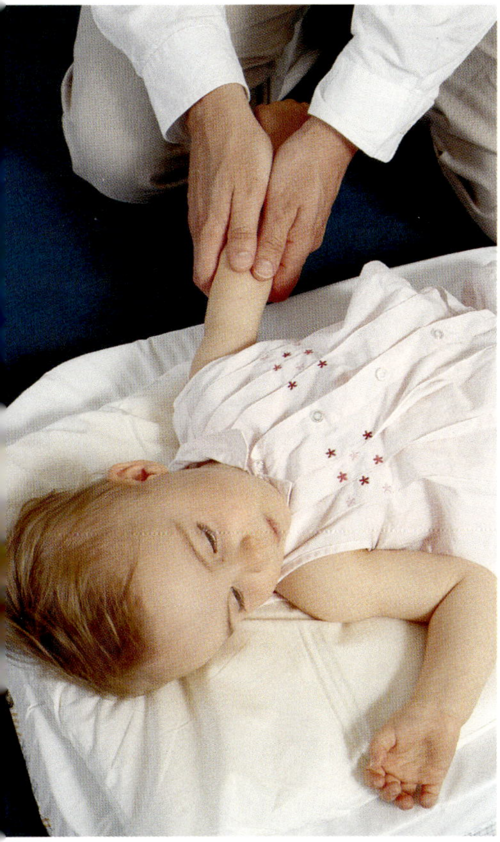

2

Exercice

Massez un bras de Bébé en commençant par la main, puis remontez doucement vers le coude, pour terminer par l'épaule.

Vous pouvez utiliser deux techniques : pression glissée ou pression relâchée.

Pression glissée : exercez une pression douce, puis, sans relâcher cette pression, effectuez un mouvement glissé en direction de l'épaule de Bébé.

Pression relâchée : exercez une pression légèrement plus accentuée que dans le précédent mouvement et relâchez aussitôt cette pression. Remontez vers l'épaule de Bébé.

Opérez de même pour l'autre bras.

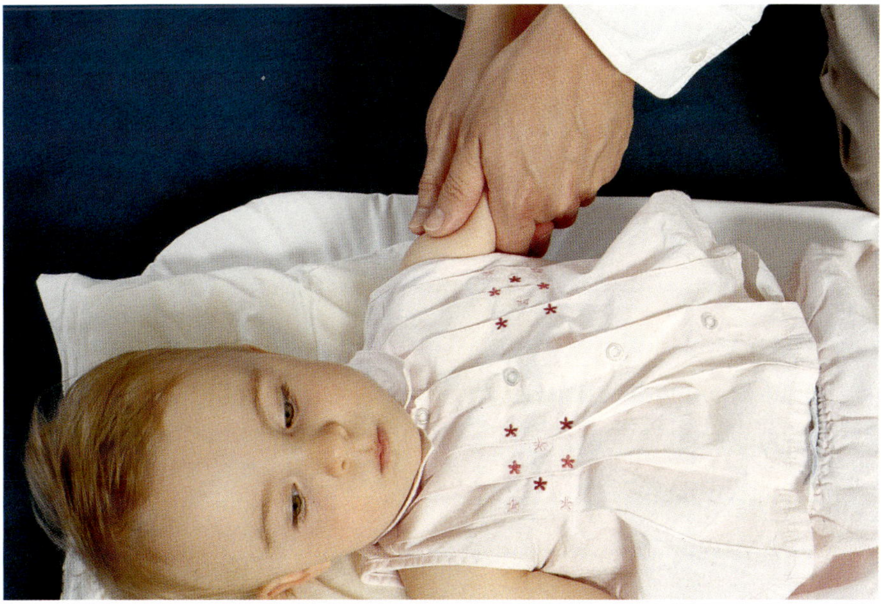

48

MASSAGE DES JAMBES ET DES CUISSES

OBJECTIF

Détendre Bébé

Durée : 1 minute par jambe

Conseil

Vous pouvez, pour améliorer votre massage, utiliser des huiles ou des crèmes. Évitez le talc, qui à tendance à boucher les pores de la peau.

Remarque

Le massage procure une détente et accroît la souplesse des tissus.

Attention !

Ne massez pas derrière le genou : c'est une zone beaucoup trop sensible.

1

Position de départ

Allongez Bébé sur le dos, sur un matelas confortable.

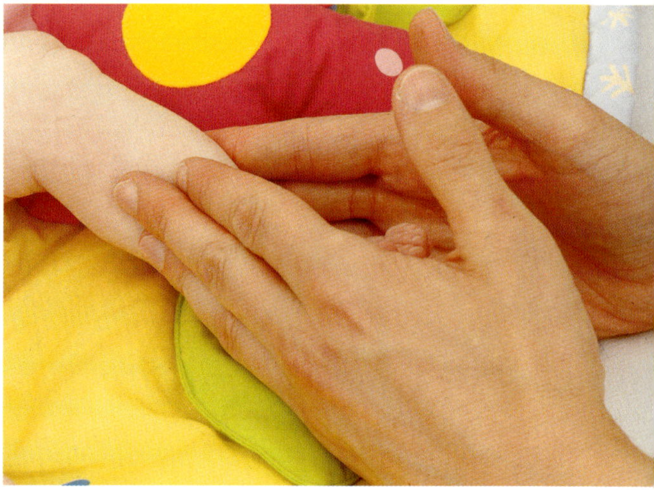

2

Exercice

En commençant par la cheville, puis en remontant vers le genou et la cuisse, exercez de façon alternative des pressions légères avec vos deux mains.

Modifiez progressivement la pression, pour voir laquelle semble être la plus agréable à Bébé.

Dans un deuxième temps, vous pourrez exercer des pressions glissées, c'est-à-dire maintenir constamment une pression tandis que vous remonterez vers la hanche (technique très efficace pour le retour sanguin).

Renouvelez pour l'autre jambe.

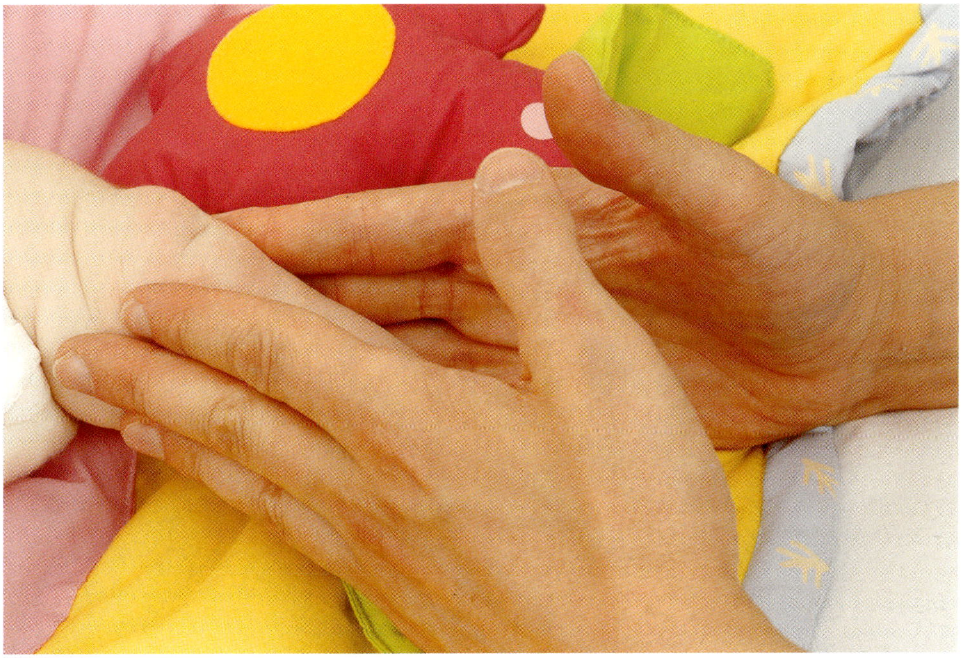

49

MASSAGE DES PIEDS

OBJECTIF

Éveiller les récepteurs sensitifs du pied, assouplir la voûte plantaire

Durée : 1 minute par pied

Conseil

Évitez de solliciter des réflexes désagréables, comme des chatouilles, par exemple.

Remarque

Les pieds de Bébé sont très importants : les centres de l'équilibre passent par eux.

Attention !

N'appuyez pas trop fort: le pied est une zone réflexe (bien connue en médecine chinoise) qui peut influencer l'ensemble du corps.

1

Position de départ

Bébé est confortablement allongé sur le dos.

2

Exercice

Doucement, mobilisez les orteils de Bébé un à un, puis essayez d'ouvrir son pied de façon à l'étaler le plus possible.

Exercez des pressions douces sur le pied, en remontant en direction de la jambe.

Renouvelez avec l'autre pied.

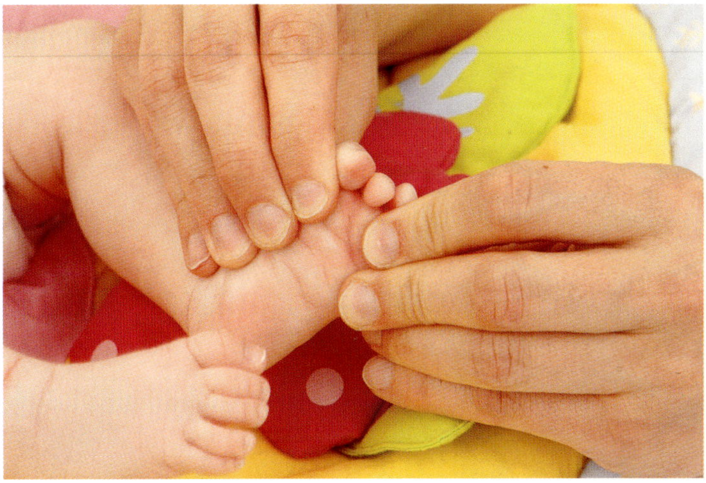

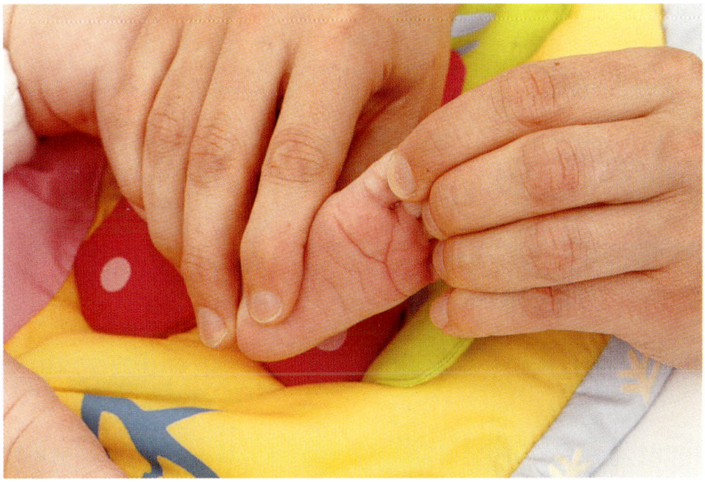

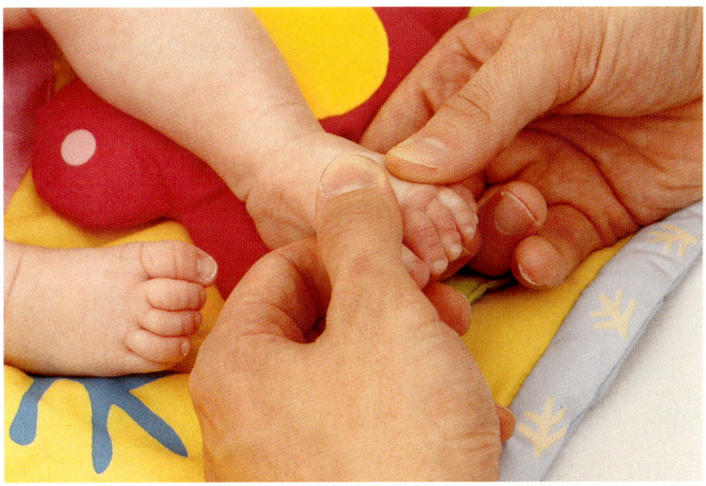

50

MASSAGE DU VISAGE

OBJECTIF

Détente et relaxation de Bébé

Durée : 5 minutes

Conseil

Ayez toujours à l'esprit que vous recherchez une détente totale ; en effet, c'est l'intention qui prime dans le massage.

Remarque

Le massage du visage est très relaxant pour Bébé comme pour Maman.

Attention !

La peau du visage est très sensible : attention à vos ongles.

1

Position de départ

Allongez confortablement Bébé sur le dos. Placez-vous derrière sa tête.

2

Exercice

Placez vos mains sur son front, puis, délicatement, dirigez-les vers les tempes.

Recommencez l'effleurage plusieurs fois.

Placez maintenant vos mains sur le nez et, de la même façon, dirigez les manœuvres de part et d'autre en direction des tempes.

Enfin, placez vos mains au niveau du menton, puis remontez latéralement et simultanément vers les oreilles.

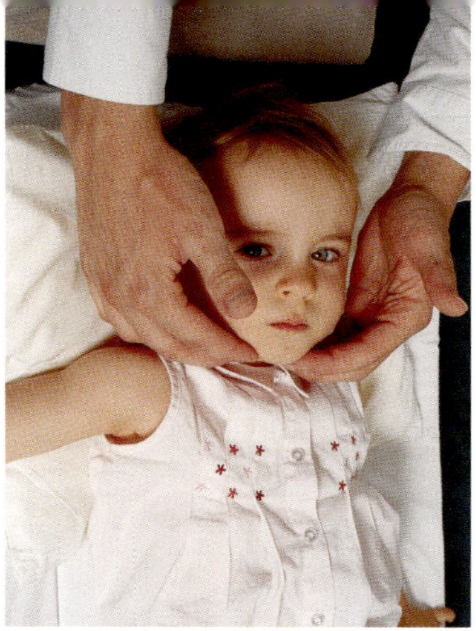

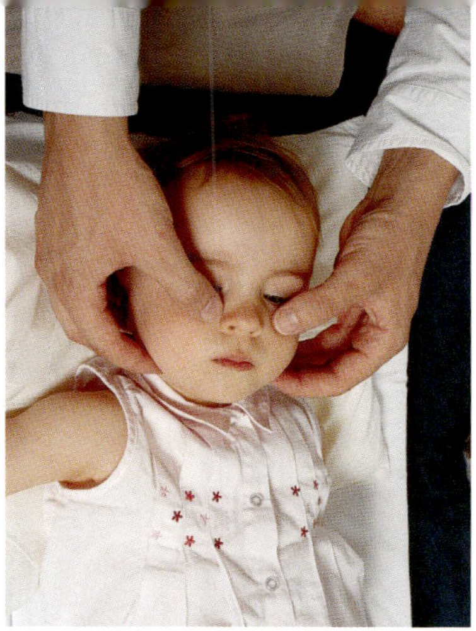

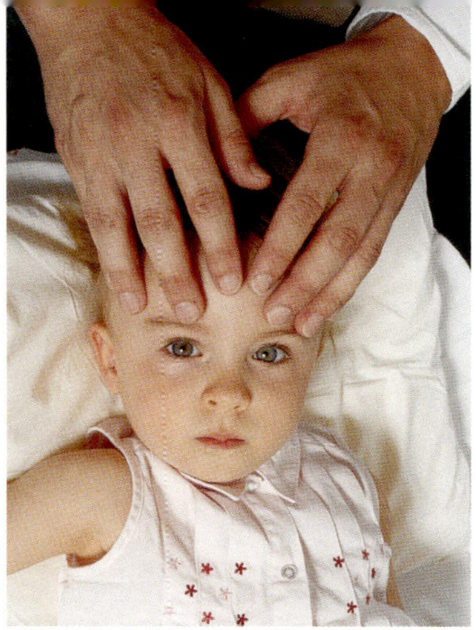

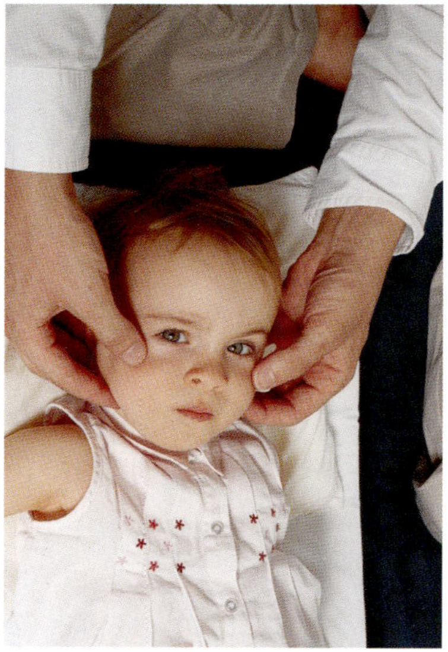

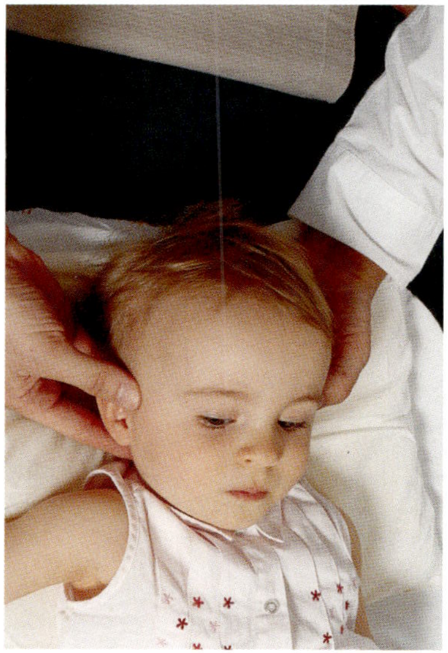

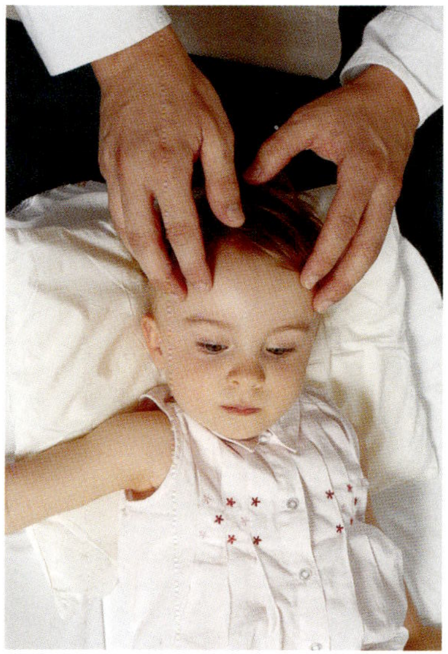

Titres parus dans la collection

50 EXERCICES...

... pour être en forme

... contre le mal de dos

... pour affiner sa silhouette

... pour maman et bébé

... rester jeune

... contre le stress

... pour le visage

Responsabilité éditoriale : Laurence Godec
Photographies : François May
Mise en page : Atelier Michel Ganne
Couverture : Studio Création Flammarion

Remerciements :

Hélène, Bernard, Claire-Lyse, Sophie, Christian, Thomas, Manon, Hugo et sa maman

Achevé d'imprimer en avril 2004
par Pollina s.a., 85400 Luçon
n° L92858
Imprimé en France